JOSEF ISENSEE

Umverteilung durch Sozialversicherungsbeiträge

Schriften zum Öffentlichen Recht

Band 224

Umverteilung durch Sozialversicherungsbeiträge

Eine finanzverfassungsrechtliche Studie über den
Solidarausgleich in der Gesetzlichen Krankenversicherung

Von

Dr. Josef Isensee

o. Professor an der Universität des Saarlandes

DUNCKER & HUMBLOT / BERLIN

Alle Rechte vorbehalten
© 1973 Duncker & Humblot, Berlin 41
Gedruckt 1973 bei Buchdruckerei Alb. Sayffaerth, Berlin 61
Printed in Germany

ISBN 3 428 03008 7

Elisabeth Liefmann-Keil

meiner verehrten Fakultätskollegin

Inhaltsverzeichnis

A. Einleitung — Ein Sozialversicherungsmodell als finanzverfassungsrechtliches Exempel — Die Rechtsfigur der „Staatssubvention aus nichtstaatlicher Tasche" 9

B. Das Finanzierungssystem der Gesetzlichen Krankenversicherung 13

    I. Beitragsgrundsätze der Äquivalenz und der Solidarität 13

    II. Der Solidarausgleich und seine Fundierung in der Gruppenhomogenität 17

    III. Der Testfall: Der Solidarausgleich als Subventionsmedium der studentischen Krankenversicherung 22

C. Die „institutionelle Garantie der Sozialversicherung" 27

D. Die bundesstaatliche Kompetenz für die Sozialversicherung als intermediäre Finanzgewalt 29

    I. Zur kompetenzrechtlichen Qualifikation finanzrechtlicher Regelungen 29

    II. Die finanzrechtliche Qualifikation des Sozialversicherungsbeitrags 31

        1. Der prinzipiengerechte Beitrag 31

            a) Qualifikation als finanzrechtlicher Beitrag (Vorzugslast) .. 31

            b) Qualifikation als korporativer Beitrag (Verbandslast) 36

            c) Qualifikation als Steuer (Gemeinlast) 37

            d) Fazit: Abgabentatbestand eigener Art (Solidarlast) 41

        2. Mutation zur Steuer bei Indienstnahme für Fremdlasten 42

    III. Die „Sozialversicherungs"-Zuständigkeit (Art. 74/12 GG) als Kompetenzgrundlage des Solidarausgleichs 44

        1. Die Kompetenzmaterie „Sozialversicherung" als juristischer Typus 44

        2. Sozialversicherung ohne Solidarausgleich 46

            a) Staatszuschuß 46

            b) Vollfinanzierung durch den Staat 47

            c) Beitragsbemessung ausschließlich nach dem Äquivalenzprinzip 48

        3. Der typusgerechte Solidarausgleich 49

        4. Verstoß gegen die Gruppenhomogenität — der Solidarausgleich als Finanzierungsinstrument für solidarfremde Zwecke 50

        5. Aufhebung der Gruppensolidarität — Einführung der Volksversicherung 51

IV. Auffangskompetenzen für solidarfremde Umverteilungsmaßnahmen außerhalb der Finanzverfassung 52

    1. Die „öffentliche Fürsorge" (Art. 74/7 GG) 52

    2. Die „allgemeinen Grundsätze des Hochschulwesens" (Art. 75 I 1 a GG) 53

    3. Das „Recht der Wirtschaft" (Art. 74/11 GG) 53

V. Kompetenz-Substitution für eine Sozialversicherungs-Steuer durch die Finanzverfassung 55

E. Demokratische Aspekte einer Sozialversicherungs-Steuer 57

F. Grundrechtliche Schranken des Solidarausgleichs 60

  I. Grundrechte der ausgleichsbelasteten Mitglieder 60

    1. Die Grundrechtszuständigkeit der Sozialversicherungsträger und ihrer Mitglieder 60

    2. Der Gleichheitssatz (Art. 3 I GG) 62

    3. Die Vereinigungsfreiheit (Art. 9 I GG) 66

    4. Die Eigentumsgarantie (Art. 14 GG) 67

  II. Grundrechtlicher Konkurrenzschutz der Privatversicherungsträger gegen Mißbrauch der Beitragshoheit 71

G. Sozialstaatliches Ausgleichsziel und sozialversicherungsrechtliche Umverteilung 74

Sachregister 77

A. Einleitung: Ein Sozialversicherungsmodell als finanzverfassungsrechtliches Exempel — Die Rechtsfigur der „Staatssubvention aus nichtstaatlicher Tasche"

Ein tagespolitischer Anlaß kann verfassungsrechtliche Grundsatzfragen freilegen. Ein Reformplan zur studentischen Krankenversicherung, der heute im Vorraum der gesetzespolitischen Erörterungen Aufmerksamkeit auf sich zieht und morgen den Weg allen Papiers gegangen sein kann, führt den Juristen in die staatsrechtliche Nebelzone der Übergänge und Überschneidungen von Sozialversicherungsbeitrag und Steuer, von staatlichem und unterstaatlich-parafiskalischem Umverteilungssystem. Damit stellt sich die Aufgabe, die Grenzmarkierungen zu suchen, welche die Finanzverfassung steckt.

Den Anlaß bildet das Modell zur bundesgesetzlichen Neugestaltung der studentischen Krankenversicherung, das vom Verband der Angestellten-Kassen e.V. entwickelt und in die Reformdiskussion eingeführt worden ist[1]. Das Modell bietet eine bemerkenswerte Lösung für das Zentralproblem der studentischen Krankenversicherung, nämlich die Finanzierungsfrage. Es ist eine sozialpolitische Vorgegebenheit (die hier nicht in Frage zu stellen ist), daß dem Studenten kein kostendeckender Versicherungs-Beitrag zugemutet werden soll. Damit erhebt sich die Notwendigkeit, die ungedeckten Aufwendungen auf Dritte abzuwälzen — entweder auf den Staat oder auf eine Gruppe der Gesellschaft. Das Modell entscheidet sich für die zweite Lösung: Die Studenten sollen als Pflichtmitglieder in die bestehende Organisation der Gesetzlichen Krankenversicherung einbezogen und die Versichertengemeinschaft mit dem Teil der Kosten belastet werden, der von den verbilligten Studenten-Beiträgen nicht getragen wird.

Das Reformmodell setzt sich im wesentlichen aus folgenden Elementen zusammen:

---

[1] Eine Begründung des Reformmodells durch die Barmer Ersatzkasse ist veröffentlicht in: „in — das deutsche bildungsmagazin", 4. Jg. Nr. 3 (1972), S. 48. Darstellung des Diskussionsstandes: Verband der privaten Krankenversicherung e. V. (Hrsg.), Die private Krankenversicherung im Jahre 1971, 1972, S. 95—97. Verfassungsrechtliche Würdigung: *Isensee*, Teilsubventionierung der studentischen Krankenversicherung durch die Träger der Gesetzlichen Krankenversicherung, Rechtsgutachten für den Verband der Privaten Krankenversicherung e. V. 1972 (MS). — Aus dem genannten Rechtsgutachten ist die vorliegende Studie hervorgegangen.

A. Einleitung — Ein Sozialversicherungsmodell

— Die Studierenden an Hochschulen und Fachhochschulen werden während ihrer Ausbildung in den Kreis der Pflichtmitglieder der Gesetzlichen Krankenversicherung nach § 165 I RVO aufgenommen.

— Die Studierenden werden den bestehenden Trägern der Gesetzlichen Krankenversicherung zugeordnet. Von der Schaffung einer besonderen Studentenkrankenkasse wird abgesehen. Die Einrichtungen der Privaten Krankenversicherung werden grundsätzlich ausgeschaltet.

— Der Beitrag bemißt sich nach einem fiktiven Grundlohn, der in Relation zur Beitragsbemessungsgrenze der Rentenversicherung (§ 1385 II RVO) bestimmt wird. Der Beitragssatz wird von den zuständigen Selbstverwaltungsorganen durch Satzung festgesetzt.

— Die Beiträge liegen unterhalb der Kostendeckungsgrenze. Die Versichertengemeinschaft der Gesetzlichen Krankenversicherung tritt in die Deckungslücke ein. Sie beteiligt sich im Zuge des Solidarausgleichs am Versicherungsrisiko.

Der Finanzierungsmodus empfiehlt das Sozialversicherungsmodell einem Gesetzgeber, dessen Reformehrgeiz sich nach der kurzen staatlichen Finanzdecke strecken muß. Das Finanzierungskonzept ermöglicht die soziale Förderung des Studenten durch einen Prozeß innergesellschaftlicher Umverteilung und Risiko-Überwälzung — ohne Belastung des Staatshaushaltes. Die Subventionsmittel werden nicht über das Steueraufkommen der staatlich organisierten Allgemeinheit, sondern über das Beitragsaufkommen des engeren Personenkreises der Versichertengemeinschaft erschlossen. Die Beitragsvergünstigung für die neue Mitgliedergruppe wird durch entsprechende Beitragserhöhung für die bisherigen Mitglieder ausgeglichen.

Die staatliche Förderung ohne Einsatz staatlicher Finanzierungsmittel scheint das finanzpolitische Ei des Kolumbus zu sein, wenn der Gesetzgeber lediglich einen finanzschwachen Bevölkerungskreis mit einem leistungsfähigen zu einem Lastenverband zusammenschließen und eine innergesellschaftliche Subventionspflicht anzuordnen braucht. Das Verfahren, einer Gruppe der Gesellschaft die „finanzielle Zwangspatenschaft"[2] für eine andere aufzubürden, ist vom Bundesgesetzgeber bereits mehrfach erprobt worden, wenn er etwa 1952 die gewerbliche Wirtschaft zur Investitionshilfe für bestimmte „Engpaßindustrien" verpflichtete[3], wenn er 1963 die Renten-Altlast der Bergbau-Berufsgenossenschaft den gewerblichen Berufsgenossenschaften und der Seeberufsgenossenschaft aufbürdete[4] oder wenn er 1967 den Kinobesitzern eine „Filmabgabe" zugunsten der deutschen Filmproduktion auferlegte[5].

---

[2] Metapher bei *Mußgnug*, Die zweckgebundene öffentliche Abgabe, Festschrift für Forsthoff, 1972, S. 292.
[3] Gesetz über die Investitionshilfe der gewerblichen Wirtschaft v. 7. 1. 1952 (BGBl. I S. 7). Dazu BVerfGE 4, 7—27.
[4] Gesetz zur Neuregelung des Rechts der gesetzlichen Unfallversicherung v. 30. 4. 1963 (BGBl. I S. 241—291). Dazu: *BVerfGE 23*, 12—33; *Nipperdey* -

A. Einleitung — Ein Sozialversicherungsmodell

Das Sozialversicherungsmodell repräsentiert die zeitgemäße Rechtsfigur der „Staatssubvention aus privater Tasche". Ihm kommt exemplarische Bedeutung zu, auch wenn es niemals aktualisiert und von der nächsten Reformwoge hinweggespült werden sollte[6]. In der Frage, ob der Bundesgesetzgeber einen Teil der Kosten der studentischen Krankenversicherung auf die Versichertengemeinschaft umlegen darf, stellt sich ein Grundsatzproblem der heutigen Gesellschaftspolitik: Ist der Staat von Verfassungs wegen dazu legitimiert, innergesellschaftliche Kostgängerbeziehungen einzuführen?

Am Beispiel des Reformplans soll untersucht werden, *ob und wieweit das bestehende System der Sozialversicherung als Medium unterstaatlicher Umverteilung eingesetzt, insbesondere in welchem Maße der Sozialversicherungsbeitrag in den Dienst eines Ausgleichs sozialer Lasten gestellt werden darf.* Die Organisation der Sozialversicherung zeigt sich hier unter einem selten juristisch gewürdigten Aspekt: nicht als Leistungsträger, sondern als Träger der Beitragshoheit — oder, in der Sprache der Finanzwissenschaft, als *intermediäre Finanzgewalt* (Hilfsfiskus, Nebenfiskus)[7].

Schon die Höhe der Beitragseinnahmen legt es nahe, der „intermediären Finanzgewalt Sozialversicherung" juristische Aufmerksamkeit zu widmen. Die Statistik für das Jahr 1971[8] mag das Ausmaß der Finanzmacht, die sich aus Beiträgen speist, belegen: Die Gesetzliche Krankenversicherung erhielt aus Beiträgen der Versicherten 12,7 Milliarden DM, aus Beiträgen der Arbeitgeber 10,3 Milliarden DM. Die Rentenversicherung kassierte aufgrund ihrer Abgabenhoheit insgesamt etwa 50 Milliarden DM. Zum Vergleich seien als Beispiele für das Steueraufkommen der staatlichen Körperschaften im selben Zeitraum

---

Säcker, Zur verfassungsrechtlichen Problematik von Finanzausgleich und Gemeinlast in der Sozialversicherung, 1969.

[5] Gesetz über Maßnahmen zur Förderung des deutschen Films v. 22. 12. 1967 (BGBl. I S. 1352). Dazu *VG Berlin*, Urt. v. 6.5.1970, DVBl. 1971, 77—81; *Mußgnug* (N 2), S. 259—301 (Übersicht über die Erscheinungen der „zweckgebundenen öffentlichen Abgabe": S. 261—269).

[6] Die Sachverständigenkommission zur Weiterentwicklung der sozialen Krankenversicherung, die vom Bundesministerium für Arbeit und Sozialordnung bestellt worden ist, lehnt in ihrer „Empfehlung zur Krankenversicherung von Personen in Ausbildung und Beruf" v. 6.7.1972 die (Teil-)Finanzierung der studentischen Krankenversicherung über die Versichertengemeinschaft ab und schlägt Zuschüsse im Rahmen der staatlichen Ausbildungsförderung vor.

[7] Vgl. Fritz-Karl *Mann*, Deutsche Finanzwirtschaft, 1929, S. 75—103; ders., Die Staatswirtschaft unserer Zeit, 1930, S. 17—28; ders., Steuerpolitische Ideale, 1937, S. 339; *Herrmann*, Intermediäre Finanzgewalten, 1936 (Begriff: S. 4—10); *Büchner*, Beiträge, in: Handbuch der Finanzwissenschaft, 1956², S. 236 f.; *Schmölders*, Finanzpolitik, 1970³, S. 39; ders., Finanzgewalten, intermediäre, in: HwStR I, 1972, S. 350.

[8] Angaben nach: Statistisches Jahrbuch für die Bundesrepublik Deutschland, 1972, S. 379, 399, 408.

genannt: die Lohnsteuer mit 42,8 Milliarden DM, die Körperschaftsteuer mit 7,2 Milliarden DM, die Mineralölsteuer mit 12,4 Milliarden DM. Während im Jahre 1971 das gesamte Steueraufkommen der Bundesrepublik Deutschland 172 Milliarden DM erreichte, flossen der Sozialversicherung in ihren verschiedenen Zweigen ca. 80 Milliarden DM an Beiträgen zu. Angesichts dieser Dimensionen ist es erstaunlich, weshalb der Bereich des Sozialversicherungsbeitrags auf der Landkarte der deutschen Lehre des Finanzrechts, insbesondere des Finanzverfassungsrechts, noch immer als nahezu weiße Fläche erscheint.

Das Finanzverfassungsrecht bildet Maßstab wie Gegenstand der vorliegenden Untersuchung: Maßstab — weil jede sozialversicherungsrechtliche Regelung den Vorrang des Grundgesetzes zu achten hat; Gegenstand — weil sich erweisen muß, ob die grundgesetzliche Finanzverfassung die erforderliche normative Kraft und inhaltliche Dichte erreicht, um die finanzpolitischen Aktivitäten des Gesetzgebers zu determinieren[9]. Vor der eigentlichen verfassungsrechtlichen Untersuchung soll auf unterverfassungsrechtlicher Ebene das sozialversicherungsrechtliche Finanzierungssystem (B) und die finanzrechtliche Qualifikation des Sozialversicherungsbeitrags (D II) geprüft werden. Dabei stellt sich die Frage, ob sich das Reformmodell in das geltende Gesetzesrecht einfügt. Das sozial- und finanzrechtliche System ist zwar das Werk des Gesetzgebers und unterliegt an sich weiterhin seiner Regelungsmacht. Es wird aber zu klären sein, ob und wieweit die Verfassung das vorgefundene gesetzliche System sich zu eigen gemacht und damit festgeschrieben hat.

---

[9] Grundsätzliche Verteidigung der Rigidität der Finanzverfassung: *Vogel*, Finanzverfassung und politisches Ermessen, 1972.

B. Das Finanzierungssystem der Gesetzlichen Krankenversicherung

I. Beitragsgrundsätze der Äquivalenz und der Solidarität

1. Die Gesetzliche Krankenversicherung finanziert sich durch Beitragsleistungen ihrer Mitglieder. Sie läßt in ihrer Finanzierungsquelle den Charakter als echte „*Versicherung*" erkennen: als Gefahrengemeinschaft zum Ausgleich eines bestimmten kalkulierbaren Risikos[1]. Der Risikoausgleich durch Beitragsleistungen ist eine Form der kollektiven Selbsthilfe (in der Sozialversicherung allerdings die Form einer gesetzlich erzwungenen Selbsthilfe). — Die Prinzipien der Beitragsbemessung sind von Gesetzes wegen vorgegeben, wenn auch die Ausfüllung bestimmter Elemente des Beitragstatbestandes (Bemessungsgrundlage, Beitragssatz) der Autonomie der Kassen überantwortet ist[2].

a) Gesetzlich vorgegeben ist die Verpflichtung der Selbstverwaltungsträger, die Beiträge so zu bemessen, daß sie, die anderen Einnahmen eingerechnet, für die zulässigen Ausgaben der Kasse ausreichen (§ 385 I 1 RVO). Das Gebot der Ausgabendeckung bezieht sich auf den Gesamthaushalt der jeweiligen Kasse, die einen einzigen Fonds mit einheitlicher Verwaltung bildet[3]. Diese Bemessungsregel entspricht dem versicherungstechnischen *Äquivalenzprinzip*[4] in seiner Ausprägung als *Global*äquivalenz, die besagt, daß die Summe der Beitragseinnahmen

---

[1] Zum Typus „Versicherung": *Bogs*, Grundfragen des Rechts der sozialen Sicherheit und seiner Reform, 1955, S. 15—19; Bogs - Achinger - Meinhold - Neundörfer - Schreiber, Soziale Sicherung in der Bundesrepublik Deutschland — (zit.) *Sozialenquête*, o.J., S. 60 f. (Nr. 132—134); *Wannagat*, Lehrbuch des Sozialversicherungsrechts I, 1965, S. 2—5; *Liefmann - Keil*, Ökonomische Theorie der Sozialpolitik, 1961, S. 134; *Töns*, in: Die Ortskrankenkasse, 1967, 16; weit. Nachw.: *v. Heinz*, Entsprechungen und Abwandlungen des privaten Haftpflichtversicherungsrechts ..., 1973, S. 171—183, 515—522.

[2] Die Darstellung geht in erster Linie vom Recht der sog. RVO-Kassen aus. Die Besonderheiten der Ersatzkassen, die in diesem Zusammenhang nicht substantieller Natur sind, können vernachlässigt werden. Den Ersatzkassen öffnet sich zwar ein weiteres Beitragsermessen über Art. 2 § 4 II der 12. AufbauVO, sie sind von vielen gesetzlichen Vorschriften freigestellt, welche die Autonomie der RVO-Kassen limitieren (dazu etwa *BSG* Urt. v. 14. 9. 1966, SozEntsch § 179/2; Urt. v. 2. 9. 1970, Breith 1971 Nr. 6, S. 14). Aber die zentralen Beitragsprinzipien, um die es hier geht, binden in gleicher Weise beide Kassentypen. — S. u. III N 14.

[3] Vgl. Horst *Peters*, Handbuch der Krankenversicherung II, 1970^{17}, Vorbem. IV, 2 vor § 380; § 381/2; *Brackmann*, Handbuch der Krankenversicherung II, 1972$^{1-7}$, S. 362 c—364 a.

14   B. Das Finanzierungssystem der Gesetzlichen Krankenversicherung

eines Versicherers die Summe seiner Leistungen aufwiegen solle[5]. Unter dem Aspekt der Globaläquivalenz gleichen sich die Sozial- und Individual-("Privat"-)Versicherung.

b) Der Unterschied beider Systeme wird dagegen sichtbar, wenn es darum geht, die Finanzlast auf die einzelnen Mitglieder der Versichertengemeinschaft aufzuteilen und die individuellen Beitragspflichten festzusetzen. Die Privatversicherung steht unter der rechtlichen wie betriebswirtschaftlichen Notwendigkeit, leistungsgemäße Prämien auf der Grundlage der *„individualen Äquivalenz"* zu regeln: Die Höhe der Prämie richtet sich im einzelnen Versicherungsverhältnis nach der Höhe des jeweils übernommenen Versicherungsschutzes[6]. Die Versicherungsprämie wird nach dem versicherungsmathematisch kalkulierbaren Versicherungsrisiko berechnet. Leistung und Gegenleistung stehen in einem (synallagmatischen) Austauschverhältnis.

c) Eine solche Gegenseitigkeitsbeziehung ist dagegen der Sozialversicherung fremd[7]. Sie stellt nicht auf das objektive Kriterium der versicherten Gefahr, sondern auf das subjektive der *Leistungsfähigkeit* des Versicherten ab, dadurch, daß sie ihre Beitragsbemessung am Arbeitsentgelt ausrichtet und den „Grundlohn" zum Beitragsmaßstab (Bemessungsgrundlage) wählt. Die Höhe der Versicherungsleistungen hängt grundsätzlich nicht von der Höhe der Beitragsaufwendungen ab[8]. Lediglich die Geldleistungen (Krankengeld etc.) halten sich in einer bestimmten Relation zur Höhe des Beitrages. Die Sachleistungen dagegen (ärztliche Behandlung etc.) werden allen Versicherten einheitlich gewährt — ohne Rücksicht auf die Beitragsaufwendungen, die nach dem Arbeitsentgelt gestaffelt sind. Die Beitragsdifferenzierung bei Leistungs-

---

[4] Zum versicherungstechnischen Äquivalenzprinzip des Versicherungswesens: *Kreßmann*, Das versicherungstechnische Äquivalenzprinzip in der gesetzlichen Altersversicherung der Bundesrepublik Deutschland, Diss. Frankfurt 1971, bes. S. 12—29; *Bogs* (N 1), S. 16—19.

[5] Statt des hier vorgeschlagenen Terminus „Globaläquivalenz" werden im wirtschaftswissenschaftlichen und versicherungsmathematischen Schrifttum die (synonymen) Begriffe „Gruppenäquivalenz" (Wagenführ) oder „kollektive Äquivalenz" (Saxer) gebraucht. Dazu *Kreßmann* (N 4), S. 15—18. — Übersicht über die Aspekte des finanzwissenschaftlichen Äquivalenzprinzips: *Haller*, Die Steuern, 1964, S. 12 f. (hier relevant: die „gruppenmäßige kostenmäßige Äquivalenz" im Gegensatz zu „individueller kostenmäßiger Äquivalenz").

[6] Dazu *Kreßmann* (N 4), S. 18—26. Neben der Kategorie der individualen Äquivalenz, die sich sowohl auf gleichartige als auch auf ungleichartige Risiken bezieht, ist die Kategorie der „gerechten Prämie", die nur für ungleiche Risiken anwendbar ist (vgl. *Kreßmann* a.a.O., S. 26—29), entbehrlich.

[7] Vgl. Lutz *Richter*, Sozialversicherungsrecht, 1931, S. 5, 10; *Zacher*, DÖV 1970, 12;; *Töns*, Grundausbildung für den Krankenkassendienst, Stand 1973, S. 27.

[8] Dazu näher *Bogs* (N 1), S. 25 f., 64—66; *Sozialenquête* (N 1), S. 62 f. (Nr. 142—144), S. 95 (Nr. 248 f.), S. 204—208 (Nr. 583—591); *Peters* (N 3), § 180/1.

I. Beitragsgrundsätze der Äquivalenz und der Solidarität

nivellierung ist *verkappte Progression*. Die Sozialversicherung entfernt sich damit vom Proportionsprinzip der individualen Äquivalenz, das die Privatversicherung beherrscht[9].

2. Das Sozialversicherungsrecht ermöglicht, daß einer Versichertengruppe aus sozialer Rücksichtnahme Beitragsvergünstigungen gewährt werden, die durch entsprechende Mehrbelastung der übrigen Mitglieder zu kompensieren sind. Eine solche Beitragsgestaltung nach mehrerlei Maß darf nach Auffassung des Bundessozialgerichts sogar ohne ausdrückliche gesetzliche Ermächtigung durch autonome Regelung der (Ersatz-)Kassen eingeführt werden: Es sei nicht erforderlich, daß jede Mitgliederklasse nur solche Beiträge zahle, die für die auf sie entfallenden Aufwendungen notwendig seien: „Es ist vielmehr zulässig, daß einzelne Gruppen der Versicherten nach dem Grundsatz der Solidarität aller Versicherten stärker zu Beiträgen herangezogen werden als andere, denen wie bei den krankenversicherten Rentnern ein kostendeckender Beitrag nicht zumutbar ist. Es können daher auch durch höhere Beiträge in der einen Gruppe die durch Beiträge nicht gedeckten Mehraufwendungen einer anderen Gruppe abgedeckt werden[10]." Ein solches Verfahren hebt die gleiche Gewichtung von Beitragsleistung und Versicherungsschutz auf, die vom Äquivalenzprinzip gefordert wird. Soweit der Versicherungsgrundsatz (analog dem Kostendeckungsprinzip des Gebührenrechts) die Untergrenze der Beitragsbemessung markiert, wird er durch die Beitragsvergünstigung durchbrochen. Soweit er die Obergrenze kennzeichnet, wird er durch die Mehrbelastung der übrigen Versicherten verletzt, die mit ihrem Beitragsaufkommen die Deckungslücke zu schließen haben.

Der versicherungsrechtliche Leistungsaustausch gleitet über in sozialrechtliche Umverteilung[11]. Die iustitia commutativa nimmt die Züge der iustitia (re-)distributiva an. Die Sozialversicherung erweist sich als Medium der „zweiten Einkommensverteilung". Der Beitrag wandelt sich vom Entgelt des Versicherungsschutzes zum Mittel der Überwäl-

---

[9] Zum Zurücktreten der (individualen) Äquivalenz in der Sozialversicherung: *Bogs* (N 1), S. 24—28, 30 f.; *Büchner*, Beiträge, in: Handbuch der Finanzwissenschaft II, 1956², S. 236 f.; *Peters* (N 3), Vorbem. IV, 2 vor § 380; *Wannagat* (N 1), S. 9—31; *Hax*, Die Entwicklungsmöglichkeiten der Individualversicherung in einem pluralistischen System der sozialen Sicherung, 1968, S. 77—99; *Töns* (N 1), 1966, 618; vgl. auch BVerfGE 28, 314 (348 f.); 29, 245 (254 f.).

[10] BSG, Urt. v. 2. 7. 1970, Breith, 1971 Nr. 6, S. 14 (15) = Die Sozialgerichtsbarkeit 1970, 348 (zur Beitragsautonomie der Ersatzkassen). Vgl. auch LSG Niedersachsen, Urt. v. 28. 10. 1969, Breith, 1970, 195 (196).

[11] Grundsätzlich zur Umverteilung („zweiten Einkommensverteilung") über die Sozialversicherung: *Achinger*, Sozialpolitik als Gesellschaftspolitik, 1958, S. 140—144; ders., Zur Problematik der Einkommensumverteilung, in: Külp und Schreiber (Hrsg.), Soziale Sicherheit, 1971, S. 199—208; *Liefmann-Keil* (N 1), S. 119—233; *Haller* (N 5), S. 88—90; *Zacher* DÖV 1970, 3—14.

zung sozialer Lasten. Die Überwälzung durch Beitragsgestaltung vollzieht sich im Solidarausgleich.

Bestimmungsgrund des Sozialversicherungsbeitrags ist nicht allein das Eigeninteresse des Versicherten an der Freistellung von einem Lebensrisiko, sondern auch das Solidaritätsgebot, welches das leistungsfähige Mitglied verpflichtet, für den Versicherungsaufwand des leistungsschwachen einzustehen. Die versicherungswirtschaftliche Gefahrengemeinschaft, die im wohlverstandenen Eigennutz des einzelnen gründet, verwandelt sich in die *Solidargemeinschaft*, die durch das *Solidarprinzip (Ausgleichsprinzip)* konstituiert wird[12]. Da die Sozialversicherung mit ihrem anspruchsvollen Ethos den leistungsfähigeren Mitgliedern Opfer im Interesse Dritter abverlangt, kann sie nicht auf der Grundlage der Freiwilligkeit in privatrechtlicher Form, sondern nur in der öffentlichrechtlichen Zwangsorganisation verwirklicht werden[13]. Das Ausgleichsprinzip begründet somit die Eigenart der Sozialversicherung gegenüber der Individualversicherung.

3. Der Solidarausgleich rückt die Sozialversicherung in die Nähe der *„Versorgung"* — jene Form der sozialen Sicherung, die dem Empfänger Leistungsansprüche, aber keine Finanzierungspflichten aufbürdet: den Ausgleich einer Last durch den Staat, ohne Anknüpfung an Vorsorgemaßnahmen des Ausgleichsadressaten (Prototypen: Beamten- und Kriegsopferversorgung)[14]. Versorgungsähnlich wirken sich die Leistungen der Kassen für den Nutznießer des Solidarausgleichs aus, der keine äquivalenten Beiträge entrichtet (wie der Bezieher eines niedrigen Arbeitsentgelts) oder der gänzlich von der Beitragspflicht befreit ist (wie der mitversicherte Familienangehörige). Gleichwohl nimmt auch dieser nicht die Hilfe des Staates in Anspruch, sondern die einer unterstaatlichen Solidargemeinschaft, die auf der wechselseitigen Einstandspflicht ihrer Mitglieder beruht.

Aus dem gleichen Grunde unterscheidet sich das Umverteilungssystem der Sozialversicherung auch vom Typus der *„Fürsorge"*, die wie die Versorgung aus allgemeinen Haushaltmitteln des Staates bestritten

---

[12] Zum Solidarprinzip in der Sozialversicherung: *Bogs* (N 1), S. 25—28, 30—32 und passim; *Heyde,* Soziale Sicherheit 1966, 133 f.; *Holler* Soziale Sicherheit 1966, 135—138; *Wannagat* (N 1), S. 17 f., 27 f., 175—177; *Jantz,* Strukturprinzipien der sozialen Sicherung in der Gegenwart, in: Schewe-Nordhorn - Schenke, Übersicht über die Soziale Sicherung, 1970⁸, S. 8; *Kreßmann* (N 4), S. 46—50; *Herrmann,* Intermediäre Finanzgewalten, 1936, S. 23 f.; *Hax* (N 9), S. 77—99; *Töns* (N 1), 1967, 16 f.; ders. (N 7), S. 27.

[13] Vgl. *Bogs* (N 1), S. 26, 31; *Holler,* Soziale Sicherheit 1966, 137.

[14] Zum Wesen der „Versorgung": *Achinger* (N 12), S. 119—125; *Bogs* (N 1), S. 19—22; *Sozialenquête* (N 1), S. 61, Nr. 135 f.; *Liefmann - Keil* (N 1), S. 137 f.; *Rüfner,* VVDStRL 28 (1970), S. 189—191; *Wannagat* (N 1), S. 7—9; *Zacher* DÖV 1972, 461 f.; *Schnapp,* in: Das neue Sozialgesetzbuch, 1972, S. 145 f.; *H. J. Wolff,* Verwaltungsrecht III, 1973³, § 139 III b.

wird und lediglich eine Form der Leistungsvergabe, nicht dagegen auch eine Form der Leistungsfinanzierung darstellt. Im übrigen bietet die Fürsorge im Gegensatz zur Sozialversicherung nicht typisierte, sondern individualisierte Hilfe je nach Lage des Einzelfalles, und auch nur dann, wenn keine anderen Hilfsquellen verfügbar sind[15]. Das Gesamtbild der Gesetzlichen Krankenversicherung bleibt — ungeachtet aller Umverteilungsvorgänge — von der Idee genossenschaftlicher Selbsthilfe geprägt: Die Empfänger der Sozialleistungen kommen — grundsätzlich jedenfalls — selber für die Finanzierung auf[16]. Die versicherungstechnische (individuale) Äquivalenz wird vom Ausgleichsprinzip zurückgedrängt, aber nicht völlig ausgeschaltet[17]. Damit bleibt das „Versicherungs"-Element erhalten, das — verbunden mit dem Solidaritäts-Element — die Sozialversicherung als *eigenständigen Typus* im System der sozialen Sicherung konstituiert[18].

II. Der Solidarausgleich und seine Fundierung in der Gruppenhomogenität

1. Die Gesetzliche Krankenversicherung verwirklicht den Solidarausgleich in verschiedenen Beziehungen:

— als *interpersonalen* Solidarausgleich zwischen den Beziehern unterschiedlicher Einkommen (Begünstigung einkommensschwächerer Personenkreise auf Kosten der Bezieher mittlerer oder höherer

---

[15] Zum Wesen der „Fürsorge" und ihrem Verhältnis zur „Sozialversicherung": *Achinger* (N 12), S. 108—113; *Bogs* (N 1), S. 22, 35—43; *Sozialenquête*, S. 61 f., Nr. 137 f.; *Liefmann - Keil* (N 1), S. 134, 135 f.; *Wannagat* (N 1), S. 6 f., 31—33; *Zacher* DÖV 1972, 461. — *Zacher* schlägt zur herkömmlichen Typenreihe „Versicherung-Fürsorge-Versorgung" als Alternative vor die Reihe „Vorsorge-Entschädigung-Ausgleich" (VVDStRL 28, 1970, 237 f.; DÖV 1970, 6 Anm. 41; DÖV 1972, 462).

[16] Die These, daß der „Versicherungsgehalt", ungeachtet aller Modifikationen, den „Kern" und den „beherrschenden Grundgedanken" der Sozialversicherung darstelle, vertritt *Wannagat* (N 1, S. 9—16, 158 mit Nachw.). Im Ergebnis ähnlich: Lutz *Richter* (N 7), S. 10; *Sozialenquête* (N 1, S. 203 f., Nr. 578—581, zum „Versicherungs"-Charakter der Gesetzlichen Krankenversicherung); *Rüfner*, VVDStRL 28 (1970), 203 (bei Krankenkassen liege der Akzent auf der genossenschaftlichen Selbsthilfe); *Kreßmann* (N 4), S. 39 f. (zur Rentenversicherung).

[17] Vgl. *Haller* FinArch n. F. 21 (1961), 260.

[18] Die *Sozialenquête* sieht, im Anschluß an BVerfGE 11, 1 (9), die rechtliche Gestaltung der Sozialversicherung bestimmt durch die „Verbindung von versicherungsmäßiger Selbsthilfe und sozialem Ausgleich innerhalb der gesetzlich begrenzten Versichertengemeinschaft sowie zusätzliche Staatshilfe" (N 1, S. 63, Nr. 145). Allgemein zur Einordnung der Sozialversicherung in die Typologie der sozialen Sicherung: *Bogs* (N 1), S. 22—28; *Achinger* (N 12), S. 113—119; *Liefmann - Keil* (N 1), S. 137; *Wannagat* (N 1), S. 9—35; *Rüfner*, VVDStRL 28 (1970), 192—204; *Wolff* (N 14), § 139 III a; *Hax* (N 9), S. 77—99; *Töns* (N 1), 1967, 16 f. Zur älteren Lehre: *Richter* (N 7), S. 4—13.

Einkommen), zwischen den familiär unterschiedlich belasteten Mitgliedern („Familienlastenausgleich"), zwischen den Partnern des Arbeitsverhältnisses (Arbeitgeberzuschuß), zwischen Gesunden und Morbiden (gesteigerter Umverteilungseffekt durch Verzicht auf individuellen Versicherungsausschluß und auf Individualisierung des Beitrags nach dem konkreten Risiko)[1];

— als *intertemporären* Solidarausgleich zwischen den Generationen, als Konsequenz der Regel, „daß aller Sozialaufwand immer aus dem Volkseinkommen der laufenden Periode gedeckt werden muß"[2] (Beispiele: niedrige Beiträge für Lehrlinge und Rentner zu Lasten der aktiv Erwerbstätigen);

— als *interorganisatorischen* Solidarausgleich in der Form des Finanzausgleichs oder der Gemeinlast zwischen verschiedenen Versicherungsträgern im Rahmen der föderalistischen Organisation der Sozialversicherung[3].

2. Die sozialversicherungsrechtliche Umverteilung gründet in der *Solidargemeinschaft*. Diese wird zwar vom Gesetzgeber gestiftet, der die Voraussetzungen der öffentlichrechtlichen Organisation schafft und den Mitgliederkreis umschreibt. Aber sie ist nicht das Werk einer voraussetzungslosen Organisationsgewalt. Sie knüpft vielmehr an vorgegebene Strukturen der Rechtswirklichkeit an: an die gesellschaftliche Homogenität einer Bevölkerungsgruppe, innerhalb deren ein im wesentlichen gleichgelagertes Bedürfnis nach sozialer Sicherstellung im Krankheitsfall angenommen werden darf *(Gruppenhomogenität)*. Die Homogenität erwächst etwa aus der Zugehörigkeit zur selben Berufsart, aus der Tätigkeit im selben Wirtschaftssektor oder aus der Beziehung zwischen Arbeitnehmer und Arbeitgeber. Eine Gruppe der Gesellschaft kann dann einem besonderen unterstaatlichen Umverteilungssystem unterworfen werden, wenn sie durch gemeinsame soziale Interessen verbunden ist[4]. Das soziale Fundament einer Solidar-

---

[1] Übersicht in: *Sozialenquête*, S. 204—208 (Nr. 583—591).

[2] Zitat: *Mackenrodt*, in: Boettcher (ed.), Sozialpolitik und Sozialreform 1957, S. 45.

[3] Zum Wesen von Finanzausgleich und Gemeinlast: *Nipperdey - Säcker*, Zur verfassungsrechtlichen Problematik von Finanzausgleich und Gemeinlast in der Sozialversicherung, 1969, S. 23—28. Zum Zusammenhang dieser Institute mit der sozialversicherungsrechtlichen Solidarität: ebenda, S. 23, 27, 38 f. und passim; sowie BVerfGE 23, 12 (24: Rechtfertigung der Gemeinlast der Berufsgenossenschaften durch die „dem Unfallversicherungswesen eigene Solidarität der Unternehmer").

[4] *Bogs* hält den interpersonalen Solidarausgleich innerhalb einer Versichertengemeinschaft nur für begründet, wenn die Zusammengehörigkeit ein solches Eintreten füreinander rechtfertige (Festschrift für Krohn, 1954, S. 47 und Grundfragen des Rechts der sozialen Sicherheit und seiner Reform, 1955, S. 27). Nach *Holler* ist der interpersonale Solidarausgleich in einer Bevölkerungsgruppe, die gesellschaftlich zusammengehört, leichter vollzieh-

gemeinschaft ist kein Phänomen der bloß empirischen Realität. Es ist von der Rechtsordnung bereits vorgeformt, ehe die sozialversicherungsrechtliche Pflichtenbeziehung hergestellt wird. Wenn etwa die Reichsversicherungsordnung den Arbeitgeber an der Beitragslast für die Arbeitnehmer-Krankenversicherung beteiligt[5], so baut sie auf das Arbeitsverhältnis als Vorgegebenheit der Realität auf, aber als bereits normativ geordnete Vorgegebenheit. Das Arbeitsrecht liefert in der Fürsorgepflicht des Arbeitgebers den Anknüpfungspunkt für die sozialversicherungsrechtliche Inpflichtnahme[6]. Normen, die das soziale Fundament der Solidargemeinschaft (mit-)bilden sollen, müssen allerdings allgemeiner, d. h. nicht spezifisch sozialversicherungsrechtlicher Natur sein. In Betracht kommen außer den arbeitsrechtlichen Regelungen vor allem solche des Berufs- und des Familienrechts[7].

---

bar als in der Gesamtbevölkerung (Soziale Sicherheit 1966, 137 f.). Lutz *Richter* sieht als leitendes Prinzip der sozialversicherungsrechtlichen Selbstverwaltung die „fachlich-sachliche" Nähe der Beteiligten (Sozialversicherungsrecht, 1931, S. 13). — *Fleiner* rechtfertigt die Beiträge der Arbeitgeber an die Krankenkassen damit, daß das Gesetz den Arbeitgebern „aus sozialpolitischen Gründen ein besonderes Interesse an der Anstalt" zuschreibe und sie damit (im beitragsrechtlichen Sinne) „besonders beteiligt" seien (Institutionen des Deutschen Verwaltungsrechts, 1912², S. 373). — *Böckenförde* äußert rechtsstaatliche Bedenken gegen eine Solidargemeinschaft aller Angestellten, da diese „keinen Stand, keine Berufs- und Leistungsgemeinschaft, keine durch ein bestimmtes soziales Interesse konstituierte und insoweit homogene Gruppe" bildeten (VVDStRL 30 [1972], S. 164). — Zur Solidarität als Grundlage für einen Preisausgleich im Europarecht: *Weides*, AWD 67, 89 f.

[5] §§ 380, 381 RVO.

[6] Die arbeitsrechtliche Fürsorgepflicht des Arbeitgebers rechtfertigt es nach *BVerfGE* 11, 105 (113, 116), daß die Beiträge an die Familienausgleichskassen nach dem Kindergeldgesetz den Arbeitgebern allein auferlegt wurden. Aufgrund der Fürsorgepflicht könnten die Arbeitgeber neben den versicherten Arbeitnehmern als beitragspflichtige „Beteiligte" angesehen werden (S. 113). In der Fürsorgepflicht liege die „sachliche Beziehung" zwischen den Kindergeldleistungen an die Arbeitnehmer und der Beschränkung der Beitragspflicht auf die Arbeitgeber (S. 116). — Ableitung der Arbeitgeberleistungen zur Gesetzlichen Krankenversicherung aus der Fürsorgepflicht: Lutz *Richter*, Sozialversicherungsrecht, 1931, S. 3; Horst *Peters*, Handbuch der Gesetzlichen Krankenversicherung, Teil 2, 1970¹⁷, Vorbem. VI, 1 vor § 380; *Jantz*, Strukturprinzipien der sozialen Sicherung in der Gegenwart, in: Schewe - Nordhorn - Schenke, Übersicht über die Soziale Sicherung, 1970⁸, S. 8.

Die Rechtfertigung über die Fürsorgepflicht wird überflüssig, wenn man in wirtschaftlicher Betrachtungsweise, unter Vernachlässigung der rechtlichen Konstruktion, den Arbeitgeberzuschuß als materiellen Bestandteil des Lohnes und damit letztlich als Leistung der versicherten Arbeitnehmer ansieht. In dieser Richtung etwa: *Richter*, ebenda, S. 3; *Schreiber*, Festschrift für Bogs, 1967, S. 178; *Sozialenquête*, S. 63, Nr. 144; *Claussen* BArbBl 1960, 52; *Wannagat*, Lehrbuch des Sozialversicherungsrechts I, 1965, S. 153; *Schnapp*, in: Das neue Sozialgesetzbuch, 1972, S. 160 f.; vgl. auch *Peters*, a.a.O., Vorbem. IV, 1 vor § 380.

[7] Zum Verhältnis Sozialrecht-(Familien-)Unterhaltsrecht: *Ruland* FamRZ 1972, 541.

3. a) Wenn ein unterstaatliches, partikulares Umverteilungssystem nicht auf einem solchen Fundament stünde und die Solidarität nicht bereits in einer realen Interessengemeinsamkeit angelegt wäre, bliebe es unverständlich, weshalb die sozialen Lasten eines Personenkreises auf einen Teil der Bevölkerung, nicht aber auf die Allgemeinheit umgelegt werden[8]. Immerhin wird die Last des Solidarausgleichs von Gruppen getragen, die zwar im Rahmen der Versichertengemeinschaft als leistungsfähig, im Rahmen der Gesamtgesellschaft aber „als sozial schutzbedürftig" erscheinen; denn die Einbeziehung in den Kreis der Pflichtversicherung wird durch die soziale Schwäche der Betroffenen gerechtfertigt[9]. Die an sich leistungsfähigsten Bevölkerungsgruppen aber, die außerhalb der Solidargemeinschaft stehen, bleiben vom Solidarausgleich ausgespart[10]. Allenfalls tragen sie mittelbar über die Steuer zu den Sozialversicherungsaufwendungen bei, wenn Staatszuschüsse aus allgemeinen Haushaltsmitteln geleistet werden.

Ob das Band der Gruppensolidarität haltbar und sinnvoll geknüpft ist, läßt sich einer Probe unterziehen: Eine Umverteilungsgemeinschaft ist nach sachgerechten Kriterien zusammengeschlossen, wenn das typische ausgleichsbelastete Mitglied (vom Sonderfall des Arbeitgebers sei hier abgesehen) bei normalem Gang seiner Lebensverhältnisse selbst einmal in den Genuß der Ausgleichsleistungen gelangen könnte. Ein solcher Rollenwechsel ist bei den üblichen Formen des Solidarausgleichs der Gesetzlichen Krankenversicherung möglich — etwa im Generationenausgleich, wenn der aktiv Erwerbstätige in den Rentnerstand tritt, im Einkommensausgleich, wenn der Beitragspflichtige in eine niedrigere Lohngruppe sinkt, oder im Familienlastenausgleich, wenn das ledige Mitglied heiratet. Im Ergebnis geht die interpersonale Umverteilung weitgehend in der intertemporären auf[11].

Die Möglichkeit des Rollenwechsels als Legitimationsprobe des Solidarausgleich deckt allerdings auch einen inneren Widerspruch im

---

[8] Zur Gleichheitsproblematik, die sich hier zeigt: *Rüfner*, VVDStRL 28 (1970), 197 (s. u. F I 2).

[9] Zum „sozialen Sicherungsbedürfnis" als Rechtfertigung der Sozialversicherung: *Rode*, Gesetzliche Pflichtversicherung und persönliche Freiheit, Sonderbeilage der „Versicherungswirtschaft", Heft 18 v. 15. 9. 1970, S. 6 f.; *Wannagat* (N 6), S. 24 f.; Übersicht über Begründungen: *Paschek*, Zur Problematik der Versicherungspflicht in den Gesetzlichen Rentenversicherungen, Diss. Bonn, 1968. Vgl. auch BVerfGE 11, 105 (112 f. — „soziales Bedürfnis nach Ausgleich besonderer Lasten"); 18, 257 (270 — „Schutz der wirtschaftlich und sozial schwachen Bevölkerungsteile, die der Wechselfälle des Lebens nicht Herr zu werden vermögen"); 29, 221 (235—237).

[10] Dazu etwa *Achinger*, Sozialpolitik als Gesellschaftspolitik, 1958, S. 118 (der Ausgleich nur in einer Schicht — kein Leistungsfluß von oben nach unten); *Lücking*, Soziale Sicherheit 1970, 97—99 (Kritik an der Finanzierung der sozialen Sicherheit durch Beiträge einzelner Bevölkerungsgruppen).

[11] Vgl. *Sozialenquête*, S. 206 f. (Nr. 585—591).

II. Der Solidarausgleich und seine Fundierung in der Gruppenhomogenität 21

geltenden System der Krankenversicherung für Rentner auf, deren Kosten 1968 zu 80 % von den Trägern der Rentenversicherung und zu 20 % von den Solidargemeinschaften der Kassen aufzubringen waren[12]. Nicht alle krankenversicherten Rentner sind nämlich in der Zeit ihrer aktiven Tätigkeit Mitglied einer Kasse gewesen[13]. Sie genießen die Vorteile der Umverteilung, ohne jemals zu ihren Lasten beigetragen zu haben. Soweit sich die Kreise der heutigen Ausgleichsempfänger und der vormals Ausgleichsbelasteten, ebenso die Kreise der jetzigen Ausgleichsgeber und der künftigen Ausgleichsnehmer nicht decken, läßt sich der „intertemporale Belastungsausgleich"[14] nicht aus dem Solidarprinzip rechtfertigen.

b) Ein Solidarausgleich ohne fundierte Solidarität verlöre jeden Bezug zum Prinzip der versicherungsmäßigen Selbsthilfe. Er wandelte sich zur *(Fremd-)Versorgung* — einer Versorgung allerdings, die nicht, wie es dem folgerichtigen System der sozialen Sicherung entspricht, vom Staat, sondern von unterstaatlichen Partikularverbänden erbracht wird.

Das Bundesverfassungsgericht sieht die Notwendigkeit, ein unterstaatliches Umverteilungssystem aus einer spezifischen gesellschaftlichen Verbundenheit heraus zu rechtfertigen, wenn es die Solidarlast der Arbeitgeber im Rahmen der Familienausgleichskassen auf ihre Vereinbarkeit mit dem Gleichheitssatz hin prüft und dabei auf „eine sachgerechte Verknüpfung zwischen den Begünstigungen und Belastungen" sowie auf eine „sachliche Beziehung" zwischen den Beitragsbelasteten und Beitragsbegünstigten abstellt[15]. Das Gericht läßt organisatorische Zusammenhänge nicht zur Legitimation dafür genügen, daß „die durch die Wahl der Organisationsform präjudizierte Aufbringung der Mittel durch Beiträge eines begrenzten Kreises „Beteiligter" statt aus „allgemeinen Haushaltsmitteln" zulässig ist[16]. Diese Feststellungen setzen voraus, daß die „Beteiligung" an einem Lastenverband — sei es als Ausgleichsempfänger, sei es als Ausgleichsgeber — nicht manipulierbar ist und der Gesetzgeber nicht beliebig irgendwelche Personen mit der Mitgliedschaft beglücken darf.

4. Der Solidarausgleich darf folglich *nicht als bloße Finanzierungstechnik* verstanden werden, die sich beliebigen sozial- und haushaltspolitischen Zwecken dienstbar machen und in jedweden gesellschaftlichen Beziehungen verwirklichen läßt. Dem Staat steht in der Sozialversicherung kein Instrument zur Verfügung, um seine sozialpolitischen Lasten auf einzelne leistungsfähige Gruppen der Gesellschaft abzu-

---

[12] Vgl. §§ 165 I 3, 381 II, 393 a RVO.
[13] Vgl. die Regelung des § 257 a IV RVO.
[14] s. *Sozialenquête*, S. 206 (Nr. 588).
[15] BVerfGE 11, 105 (115, 116).
[16] Ebenda, S. 115.

schieben, dadurch daß er diese mit beliebigen förderungsbedürftigen Gruppen unter das gemeinsame Joch der Solidarität spannt. Rein fiskalische Motive oder Ziele bloßer Verwaltungsopportunität rechtfertigen die Gründung eines Lastenverbandes nicht[17]. Ein solcher kann nicht allein um der Vorteile des Solidarausgleichs willen geschaffen werden. Der Solidarausgleich ist die Folge, nicht aber die Rechtfertigung der Solidargemeinschaft, die der materiellen sozialen Fundierung bedarf.

Der Solidarausgleich ist auch kein Instrument für den Expansionsdrang der Krankenkassen, wenn es um Mitgliederwerbung geht. Es ist den Krankenkassen verwehrt, den Solidarausgleich zu Lasten ihrer Pflichtmitglieder zu mobilisieren, um ihren freiwilligen Mitgliedern Beitragssätze unterhalb der Kostengrenze anbieten zu können[18] und durch Dumping-Tarife einen Wettbewerbsvorsprung vor der Privaten Krankenversicherung zu erlangen, die auf kostendeckende Prämien angewiesen ist[19]. Das soziale Ethos, das die sozialversicherungsrechtliche Umverteilung legitimiert, wäre in einem solchen Verfahren geradezu auf den Kopf gestellt, wenn die präsumtiv wirtschaftlich schwächeren Pflichtmitglieder die präsumtiv leistungsfähigeren freiwilligen Mitglieder subventionierten.

III. Der Testfall: Der Solidarausgleich als Subventionsmedium der studentischen Krankenversicherung

Das Reformmodell der studentischen Krankenversicherung kann der Dogmatik des Solidarausgleichs die Probe aufs Exempel liefern. Es fragt sich, ob der Ausgleich als Subventionsmedium der Studenten auf Kosten der Versicherungsgemeinschaften dienen kann, ohne seine bisherige Funktion einzubüßen oder grundlegend zu wandeln.

1. Wenn die Studenten in die bestehende Kassenorganisation als Pflichtmitglieder aufgenommen werden sollten, bildeten sie eine neuartige *Mitgliederkategorie*. De lege lata unterliegen die Studenten noch nicht einmal dann der Versicherungspflicht, wenn sie „zu oder während ihrer wissenschaftlichen Ausbildung für den zukünftigen Beruf gegen Entgelt tätig sind" (§ 172 I 5 RVO)[1]. Eine solche entgeltliche Beschäf-

---
[17] Vgl. *BVerfGE* 11, 105 (119); *Selmer*, Steuerinterventionismus und Verfassungsrecht, 1972, S. 188—191, 370. — Zur fiskalischen Rechtfertigung der Versicherungspflicht dagegen: *Paschek* (N 9), S. 48—53.
[18] Auf diese Gefahr macht die *Sozialenquête* aufmerksam (S. 98, Nr. 255).
[19] Zu wettbewerbs- und sozialrechtlichen Aspekten eines Beitrag-Dumping über den Solidarausgleich: *Scholz*, Die private Krankenversicherung 1972/ Heft 4, S. 42; *Scholz - Isensee*, Zur Krankenversicherung der Studenten, 1973.
[1] Dazu Horst *Peters*, Handbuch der Krankenversicherung, Teil 2, 1970[17], § 172/5 (Nachw.); *Albrecht*, Die Sozialversicherung 1968, 363—367.

tigung schafft lediglich die Voraussetzung für den freiwilligen Beitritt zur Gesetzlichen Krankenversicherung — aber eben nicht in der Rolle des Studenten, sondern in der des entgeltlich tätigen Arbeitnehmers[2].

Die Gesetzliche Krankenversicherung ist in ihrer gegenwärtigen Gestalt auf das erwerbstätige Mitglied zugeschnitten, wenn auch der Kreis der Versicherten weiter reicht. Prototyp des Versicherten ist der Arbeitnehmer mit niedrigem und mittlerem Einkommen. Das geltende Beitragsrecht lehnt sich an das Arbeits- oder Beschäftigungsverhältnis an, wenn es den Grundlohn als Beitragsmaßstab vorsieht (§ 385 RVO) und die Beitragsschuld auf Arbeitnehmer und Arbeitgeber verteilt (§§ 380, 381 I RVO). Diese Regelung paßt nicht für den Studenten: Ihm steht kein Arbeitsentgelt zu, das die Grundlage der Beitragsbemessung bilden könnte. Der Gesetzgeber müßte zu fiktiven Größen greifen (wie der Beitragsbemessungsgrenze der Rentenversicherung oder Sätzen der Ausbildungsförderung), um ein Surrogat für das Arbeitsentgelt zu schaffen. Im übrigen ist der Student auch keinem Arbeitgeber zugeordnet, dem ein Anteil an der Beitragsschuld zufallen könnte.

2. Der Gesetzgeber umgeht dieses Problem allerdings, wenn er, soweit er die soziale Sicherung der Studenten über die Sozialversicherung abwickelt, die Finanzierung aus allgemeinen staatlichen oder kommunalen Haushaltsmitteln vorsieht[3].

In diesem Verfahren leisten die Träger der Sozialversicherung nur administrative Verteilerdienste. Sie wirken als Subventionsmittler. Das Beitragsaufkommen der Versichertengemeinschaft wird nicht in Anspruch genommen. Die Solidarität bleibt gleichsam ausgespart. Bei einer solchen *„Sozialversicherung auf staatliche Rechnung"*[4] sind die

---

[2] § 176 I 1 mit § 165 I RVO. Dazu *Isensee*, in: *Scholz - Isensee*, Die Krankenversicherung der Studenten, 1973, S. 29 f.

[3] Im Jahre 1950 regelte das Saarland die studentische Krankenversicherung nach diesem Verfahren: Die studentische Krankenversicherung wurde der Landesversicherungsanstalt übertragen; die Beitragslast übernahm der Staat, mit Ausnahme eines Zuschusses, den der Student als Pauschbetrag zu erbringen hatte. Vgl. Erlaß über die Krankenversicherung der Studenten der Universität des Saarlandes und der Schüler anderer Lehranstalten vom 20. 4. 1950 (ABl. I, S. 343); Gesetz über die Krankenversicherung der Studenten der Universität des Saarlandes und der Schüler anderer Lehranstalten vom 30. 6. 1950 (ABl. II, S. 853).

Nach dem Gesetz über Unfallversicherung für Schüler und Studenten sowie Kinder in Kindergärten vom 18. 3. 1971 (BGBl. S. 237) finanzieren Bund, Länder und Körperschaften der mittelbaren Staatsverwaltung die Unfallversicherung in Ausbildungsverhältnissen — gleichsam in Übernahme der Rolle des beitragspflichtigen „Unternehmers". Zu dieser „unechten" Unfallversicherung: *Zacher* DÖV 1972, 464; Werner *Weber*, Festgabe für Hans Möller, 1972, S. 499—509; *Schnapp*, in: Das neue Sozialgesetzbuch, 1972, S. 158—163.

[4] Dazu näher *Bogs*, Grundfragen des Rechts der sozialen Sicherheit und seiner Reform, 1955, S. 57—59. Zu Einzelfragen: *Tervooren*, Festschrift für Jantz, 1968, S. 137—146.

24 B. Das Finanzierungssystem der Gesetzlichen Krankenversicherung

versicherten Personen nicht materiell Mit-Träger der Risiko-Gemeinschaft, sondern allenfalls nominelle Mitglieder. Die „Sozialversicherung auf fremde Rechnung" hat jeden auch nur mittelbaren Selbsthilfe-Charakter verloren und ist zur echten Staatsversorgung geworden[5].

Das Reformmodell will aber gerade eine Alternative zur Staatssubvention entwickeln und durch solidarische Eigenfinanzierung die Staatsfinanzierung entbehrlich machen.

3. Wenn sich das Modell in die geltende Konzeption der Solidargemeinschaft einfügen soll, muß sich in der Rechtswirklichkeit ein gemeinsamer Nenner zwischen den Studenten und den bisherigen Mitgliedern der Gesetzlichen Krankenversicherung aufweisen lassen: soziale Homogenität als Grundlage des sozialversicherungsrechtlichen Lastenausgleichs.

Die wesentliche Gemeinsamkeit der bisherigen Pflichtmitglieder besteht in der Teilnahme am Erwerbsleben. Gerade dieses Kriterium schließt den Studenten aus. Seine Ausbildung vollzieht sich außerhalb der Berufswelt. Darin unterscheidet er sich vom *Lehrling*, der zu den versicherungspflichtigen Personengruppen gehört. Dieser wird auf Grund seines zumeist niedrigen Einkommens Nutznießer des Solidarausgleichs[6]. Für den Lehrling fällt die Ausbildung mit der Aufnahme der Berufstätigkeit zusammen. Seine Ausbildung vollzieht sich wesentlich über die praktische Mitarbeit im Betrieb. Er ist der „junge Kollege". Er hat bereits seinen Platz in der Gruppe der Arbeiter oder Angestellten eingenommen, wie das Gesetz bei der Umschreibung der versicherungspflichtigen Personenkreise anerkennt[7]. Der Lehrling wird bei normalem beruflichen Werdegang vom beitragsprivilegierten Status zum regulär beitragspflichtigen Status überwechseln. Derjenige, der heute im intertemporären Solidarausgleich der Empfangende ist, wird morgen der Gebende sein (wie — mutatis mutandis — der ausgleichbelastete aktiv Erwerbstätige von heute einmal als beitragsbegünstigter Rentner vom Generationenausgleich profitieren wird[8]).

Ein solcher Solidaritätszusammenhang läßt sich zwischen den versicherungspflichtigen Einkommensbeziehern und den Studenten nicht

---

[5] Dazu kritisch *Bogs*, der in der „Sozialversicherung auf fremde Rechnung" einen Grund für den Verlust des Solidaritätsbewußtseins sieht (N 3, S. 52 f.). Vgl. auch *Kreßmann*, Das versicherungstechnische Äquivalenzprinzip ..., Diss. Frankfurt 1971, S. 67—71.

[6] Zum Status des Lehrlings in der Gesetzlichen Krankenversicherung: *Peters* (N 1), § 165 a/5 a (Abgrenzung vom Schüler und Studenten); *Sozialenquête*, S. 206 (Nr. 587); *Brackmann*, Handbuch der Sozialversicherung II, 1972, S. 366.

[7] Arg. §§ 165 II, 165 a/2, 165 b II RVO.

[8] Zur Krankenversicherung der Rentner s. *Schreiber*, Festschrift für Bogs, 1967, S. 173—183 (zur Rechtfertigung der Solidarvergünstigung auf Kosten der aktiv Erwerbstätigen, S. 183); *Peters* (N 1), Vorbem. VI, 2 vor § 380.

III. Der Testfall: Studentische Krankenversicherung

feststellen. Abgesehen davon, daß die Studienwahl die Berufswahl nicht bereits vorwegnimmt, ist das Studium nicht typisch auf versicherungspflichtige Berufsarten zugeordnet. Ein erheblicher Teil der akademischen Berufe, die sich dem Hochschulabsolventen öffnen, unterliegt gerade nicht der Versicherungspflicht: insbesondere der Beruf des Beamten, und des höher verdienenden Angestellten sowie der freie Beruf[9]. — Dagegen läßt sich nicht einwenden, auch beim Lehrling sei nicht in jedem Einzelfall der Übergang in die volle Pflichtenstellung gewährleistet. Denn nach der *typisierenden Betrachtungsweise*, die das Sozialversicherungsrecht beherrscht[10], entscheidet nicht der atypische Einzelfall, sondern der Normalfall. Eine typisierende Prognose kann aber den Studenten nicht als den künftigen Angehörigen eines beitragspflichtigen Berufes ausweisen.

4. Es fragt sich jedoch, ob das Kriterium der *Gruppensolidarität* nicht anachronistisch geworden ist und durch das der *gesamtgesellschaftlichen Solidarität* ersetzt werden sollte. Immerhin genießen heute neun Zehntel der Bevölkerung den Schutz der Gesetzlichen Krankenversicherung[11], so daß die Folgerung naheliegt, diesen Großteil für das Ganze zu nehmen, den Rest als quantité négligeable zu vernachlässigen und so die Studenten in den Rahmen einer gesamtgesellschaftlichen Solidargemeinschaft einzufügen.

Diese Voraussetzung ist aber in der geltenden Ordnung nicht erfüllt. Die Gesetzliche Krankenversicherung ist — ungeachtet ihres weiten Einzugsbereichs — nicht als globale *Volksversicherung* konzipiert (wenn auch beachtliche Entwicklungstendenzen in diese Richtung zu führen scheinen)[12]. Das bestehende System der Kassen ist auf die Versicherung bestimmter Personenkreise angelegt und damit auf das Prinzip der Gruppensolidarität verwiesen[13].

---

[9] Die Barmer Ersatzkasse will einen Solidaritätszusammenhang zwischen ihren jetzigen Mitgliedern und den Studenten konstruieren, indem sie die Studenten als künftige Angestellte vorstellt, „die heute noch nicht, aber morgen oder übermorgen ihre Kollegen im Arbeitsleben sein werden" (Stellungnahme abgedr.: „in — das deutsche bildungsmagazin", 4. Jg. Nr. 3, 1972, S. 48).

[10] Zur typisierenden Betrachtungsweise des Sozialversicherungsrechts: BVerfGE 11, 105 (120, 122); 18, 257 (270 f.); 23, 12 (28 f.); 26, 16 (31 f., 37); 28, 104 (116); 28, 324 (354—356); Lutz *Richter*, Sozialversicherungsrecht, 1931, S. 11 f.; *Wannagat*, Lehrbuch des Sozialversicherungsrechts I, 1965, S. 32, 180. — s. auch unter F I 2.

[11] Im März 1970 waren in der Gesetzlichen Krankenversicherung 30,3 Millionen Personen mit ihren fast 24 Millionen Familienangehörigen — damit etwa 88 % der Gesamtbevölkerung versichert (so die Angaben in: *Schewe - Nordhorn - Schenke*, Übersicht über die Soziale Sicherung, 1970[8], S. 123).

[12] Dazu *Wannagat* (N 10), S. 24.

[13] Vgl. *Bogs* (N 4), S. 27, 30 f., 52.

5. Die Studenten bilden gegenüber der bestehenden Solidargemeinschaft eine *heterogene Gruppe*. Die Subventionierung der Studenten bedeutet eine *Fremdlast,* mögen die Studenten auch nominell in die Versichertengemeinschaft mit Mitgliedsrechten (aber eben ohne die korrespondierenden vollen Mitgliedspflichten) aufgenommen werden. Wenn der Solidarausgleich zur Aufbringung einer Fremdlast eingesetzt wird, löst er sich von seiner Legitimationsbasis, der fundierten Gruppensolidarität, und wandelt sich zur bloßen Finanzierungstechnik. Er steht nunmehr nicht mehr im Dienste der Sozialversicherung, sondern im Dienst einer nebenstaatlichen Versorgung.

Der Solidaritätsgedanke wird entwertet, wenn der Ausgleichsmechanismus eine Art legalisierten Nassauertums ermöglicht. Mit der Auflösung des Solidaritätsbewußtseins schwindet das Lebenselement des Selbsthilfe- und Selbstverwaltungssystems der Sozialversicherung, und der Entfremdungsprozeß zwischen den Mitgliedern und ihren Organisationen beschleunigt sich[14].

6. Als erstes *Ergebnis* läßt sich somit feststellen, daß sich das Reformmodell der studentischen Krankenversicherung nicht in das geltende System der Sozialversicherung einfügt. Damit ist noch keine Feststellung über die verfassungsrechtliche Zulässigkeit des Reformvorhabens getroffen. Sollte sich aber der Gesetzgeber das system-verändernde Konzept zu eigen machen, so beträte er neuartiges, verfassungsrechtlich noch ungesichertes Terrain.

---

[14] Zum Schwinden des Solidaritätsbewußtseins in den Versichertengemeinschaften: *Bogs* (N 4), S. 52.

C. Die „institutionelle Garantie der Sozialversicherung"

1. Dem Gesetzgeber wäre jede Änderung des bestehenden Systems der Gesetzlichen Krankenversicherung von Verfassungs wegen verwehrt, wenn das Grundgesetz dieses System gewährleisten sollte. Eine solche Ausnahme könnte aus der häufig vertretenen Rechtsmeinung gefolgert werden, daß die Sozialstaatsbestimmung des Grundgesetzes eine institutionelle Garantie der vorkonstitutionell vorhandenen Einrichtungen der „sozialen Sicherheit" damit auch der Sozialversicherung enthalte[1]. Bisher ist die These allerdings noch nicht hinreichend dogmatisch begründet und in ihren konkreten Auswirkungen dargestellt worden.

Es scheint, die Begründung werde auch in Zukunft ausbleiben. Denn die Sozialstaatsklausel ist zu abstrakt, als daß sich aus ihr eine konkrete Einrichtungsgewährleistung folgern ließe.

Der Verfassunggeber hat bewußt davon abgesehen, der sozialen Staatszielbestimmung einen institutionellen Unterbau zu geben (im Unterschied zur liberal-rechtsstaatlichen Verfassungskomponente, die sich in grundrechtlichen und organisatorischen Institutionen ausgeprägt hat)[2]. Wollte die Verfassungsinterpretation dieser Not abhelfen und die

---

[1] Vertreter der sozialstaatlichen Garantie bestehender „sozialer" Einrichtungen (mit unterschiedlicher Akzentuierung): *Fechner* RdA 1955, 166—168; E. R. *Huber*, in: Forsthoff (Hrsg.), Rechtsstaatlichkeit und Sozialstaatlichkeit, 1968, S. 610 f.; *Hueck - Nipperdey*, Lehrbuch des Arbeitsrechts II/1, 1966[7], S. 41—46; *Lerche*, Übermaß und Verfassungsrecht, 1961, S. 231; *Thieme*, ZGesStW 113 (1957), 294—299; *Rohwer - Kahlmann*, NJW 1960, 1645; ders., Festschrift für Lenz, 1961, S. 366; *Sozialenquête*, S. 57 (Nr. 123 f.); Werner *Weber*, Der Staat 4 (1965), 416; *Burmeister*, Vom staatsbegrenzenden Grundrechtsverständnis zum Grundrechtsschutz für Staatsfunktionen, 1971, S. 21 bis 23 (Nachw. Anm. 21), 97—99. — Das BVerfG wertet — wesentlich vorsichtiger — die Sozialversicherung als einen besonders prägnanten Ausdruck des Sozialstaatsprinzips (E 28, 324 [348]).
Grundsätzliche Ablehnung dieses dogmatischen Ansatzes: *Forsthoff*, VVDStRL 12 (1954), 27—29; *Isensee*, Subsidiaritätsprinzip und Verfassungsrecht, 1968, S. 197 f.; ders., Beamtenstreik, 1971, S. 21 f.; *Ridder*, Zur verfassungsrechtlichen Stellung der Gewerkschaften im Sozialstaat nach dem GG für die BRD,1960, S. 19; H. J. *Wolff*, Verwaltungsrecht II, 1970[3], § 138 I c 2; im gleichen Sinne hinsichtlich der Sozialversicherung: *Wannagat*, Lehrbuch des Sozialversicherungsrechts I, 1965, S. 224 f., 226 (s. aber anderen Ansatz S. 223).

[2] Dazu grundlegend *Forsthoff*, VVDStRL 12 (1954), S. 27—29.

C. Die „institutionelle Garantie der Sozialversicherung"

inhaltsarme Verfassungsformel „Sozial" mit sozialrechtlichem Gesetzesmaterial ausfüllen, beseitige sie mit der Not auch die Tugend der grundgesetzlichen Sozialstaatsverbürgerung: ihre Initiativkraft und ihre Anpassungsfähigkeit im Wechsel der sozialen Bedürfnisse und wirtschaftlichen Möglichkeiten. Die Rezeption der sozialrechtlichen Gehalte in das Verfassungsrecht führte zu einer Versteinerung des status quo, an der sich Erneuerungsimpulse brechen müßten. Die Lehre von der institutionellen Garantie der Sozialversicherung und verwandter Einrichtungen sieht auf Verfassungsebene bereits als Erfüllung, was das Grundgesetz nur als Auftrag enthält: die Herstellung der sozialen Gerechtigkeit. Der Adressat dieses Auftrages ist in erster Linie der Gesetzgeber, dem es obliegt, die jeweils situationsgemäßen Lösungen zur Verwirklichung der sozialen Gerechtigkeit zu entwerfen. Grundsätzlich hält sich die Verfassung unterschiedliche Lösungen offen.

2. Eine Änderung des Sozialversicherungsrechts, auch die „systemtranszendente" Änderung, scheitert damit nicht von vorneherein an einer grundgesetzlichen Status-Quo-Fossilierung. Dem Gesetzgeber bleibt auf dem Gebiet der Sozialversicherung Gestaltungsfreiheit[3]. Das Ermessen ist aber vielfältig gebunden: durch die bundesstaatliche Kompetenzverteilung (D), durch demokratisch fundierte Vorbehalte des förmlichen Gesetzes (E) und durch die Ziele und Schranken der sozialen Rechtsstaatlichkeit (F, G).

---

[3] Das Ermessen des Gesetzgebers für das Sozialversicherungsrecht wird anerkannt von *BVerfGE* 14, 221 (238, 242); 23, 12 (23, 25). — Ähnlich *Wannagat* (N 1), S. 223—225.

D. Die bundesstaatliche Kompetenz für die Sozialversicherung als intermediäre Finanzgewalt

I. Zur kompetenzrechtlichen Qualifikation finanzrechtlicher Regelungen

1. Die wichtigste Grenzlinie innerhalb der finanzverfassungsrechtlichen Zuständigkeitsordnung verläuft zwischen der steuerrechtlichen Gesetzgebungskompetenz und der Kompetenz für die sonstigen Finanzierungsmittel. Das Grundgesetz enthält einzig für die Steuer selbständige Zuständigkeitsvorschriften (Art. 105—108). Die Regelungszuständigkeit für die übrigen Abgaben ist in der Kompetenz für die jeweilige Staatstätigkeit enthalten, an welche die Abgabenpflicht geknüpft wird[1]. So kann der Bund Gebührennormen erlassen, wenn er für die Verwaltungsleistung, die mit der Gebühr abgegolten werden soll, zuständig ist, und korporative Beiträge einführen, soweit die öffentlich-rechtliche Korporation seiner Gesetzgebungshoheit unterliegt[2].

Die Finanzkompetenz für nichtsteuerliche Abgaben ist ein *Annex der jeweiligen Sachkompetenz*, ähnlich wie die Regelung des Verwaltungsverfahrens der jeweiligen materiellen Staatsaufgabe folgt (arg. Art. 84 I GG). Die kompetenzrechtlich „unselbständigen" Sachbereiche[3] der nichtsteuerlichen Abgaben und des Verwaltungsverfahrens überschneiden sich teilweise. Allerdings decken sie sich nicht. Es wäre daher eine unzulässige Simplifikation, die akzessorische Kompetenz für Gebühren und ähnliche Geldleistungen global dem „Verwaltungsverfahren" im Sinne von Art. 84 I GG zuzurechnen[4]. Zum „Verwaltungsverfahren"

---

[1] Vgl. *Hamann - Lenz*, GG, 1970³, Art. 105 A 2 b, c; *Lerche*, Rechtsprobleme des Werbefernsehens, 1965, S. 350 f.; *Maunz - (Dürig) - (Herzog)*, Grundgesetz, Stand 1971, Art. 104 a/Rdnr. 8,9; *Pestalozza* DÖV 1972, 183 (Nachw.); *Selmer*, Steuerinterventionismus und Verfassungsrecht, 1972, S. 183—208; *Kloepfer* AöR 97 (1972), 243 f., 262 f.

[2] Der Katalog der Gesetzgebungszuständigkeiten des Bundes führt in einem einzigen Fall neben der Sachkompetenz die unselbständige Finanzkompetenz ausdrücklich auf: in Art. 74/22 GG („die Erhebung von Verteilung von Gebühren für die Benutzung öffentlicher Straßen mit Fahrzeugen"). Angesprochen wird die Gebühr ferner bei der Regelung der Mitwirkung des Bundesrates an der Verordnungsgebung (Art. 80 II GG).

[3] Dazu *Pestalozza* DÖV 1972, 183 (zahlreiche Beispiele und Nachw.).

[4] Die kompetenzrechtliche Zuordnung der (Verwaltungs-)Gebühr zum Verwaltungsverfahren bejahen: *Hamann - Lenz* (N 1), Art. 105 A 2 b, c;

D. Die bundesstaatliche Kompetenz für die Sozialversicherung

gehört lediglich die administrative Durchsetzung des Abgabenanspruchs, nicht aber die Normierung des materiellen Abgabentatbestandes auf der Ebene des Abgabenschuldrechts.

2. Ob eine Abgabenregelung dem Zuständigkeitsbereich der Steuer oder einer Sachkompetenz zuzuordnen ist, wird weithin bereits durch *Qualifikation auf Unterverfassungsebene* vorentschieden. Das Grundgesetz verwendet den Begriff „Steuer", ohne ihn eigenständig abzugrenzen und inhaltlich zu füllen. Der Begriff des Verfassungstextes gewinnt Grenze und Inhalt wesentlich aus dem vorkonstitutionellen Gesetzesrecht. Der Verfassungsgeber ging in den Regelungen der Art. 105—108 vom klassischen *Steuerbegriff* aus, wie er in § 1 RAO umschrieben wird. Daraus folgt nicht ohne weiteres, daß das Grundgesetz den Steuerbegriff der Reichsabgabenordnung mechanisch übernommen und unmittelbar zu Verfassungsrang erhoben habe. Jedoch lehnt sich der verfassungsrechtliche Steuerbegriff an den gesetzlichen an und bezieht aus ihm Substanz. Die Auslegung des grundgesetzlichen Steuerbegriffs richtet sich an der klassischen Legaldefinition aus[5]. Damit gewinnt diese eine Schlüsselfunktion für das Verständnis der finanzverfassungsrechtlichen Kompetenzverteilung.

In dieser Abhängigkeit des Grundgesetzes von einer unterverfassungsrechtlichen Kategorie wird die Dialektik des Verfassungsgesetzes erkennbar, die gerade in den Kompetenzkatalogen aufschlußreiche Beispiele liefert: daß die höchste Norm der staatlichen Rechtsordnung zugleich die inhaltsärmste ist, und daß die inhaltliche Konkretisierung der Verfassungsnormen in hohem Maße auf Rezeption des niederrangigen Rechts angewiesen ist, das sie beherrschen sollen[6]. Der Vorrang der Verfassung vor dem Gesetz wird durch die partielle Abhängigkeit des Verfassungsverständnisses von den Begriffsvorstellungen des Gesetzes relativiert, wenn auch nicht aufgehoben.

Maunz - (Dürig) - (Herzog) (N 1), Art. 104 a/Rdnr. 9; *Kloepfer* AöR 97 (1972), 243 (Nachw. Anm. 57).

[5] Vgl. BVerfGE 3, 407 (435 f.); 7, 244 (251 f.); 29, 402 (408 f.); *Friauf*, Verfassungsrechtliche Grenzen der Wirtschaftslenkung und Sozialgestaltung durch Steuergesetze, 1966, S. 13—15; *Maunz - (Dürig) - (Herzog)* (N 1), Art. 104 a/Rdnr. 7; *Hamann - Lenz* (N 1), Art. 105 A 2 a; *Leisner*, Verfassungsrechtliche Grenzen der Erbschaftsbesteuerung, 1970, S. 17 f.; *Kruse*, Steuerrecht I, 1973³, S. 18; *Mattern* BB 1970, 1406; *Mußgnug*, Festschrift für Forsthoff, 1972, S. 272; *Tipke - Kruse*, Reichsabgabenordnung, 1965/72, 2.—5. A., § 1 A 10.
Zurückhaltend: *Vogel - Walter*, in: Bonner Kommentar, 1971, Art. 105/ Rdnr. 23—54 (Zweitbearb.); *Starck*, Festschrift für Wacke, 1972, S. 193—210. Kritisch: *Leisner*, Von der Verfassungsmäßigkeit der Gesetze zur Gesetzmäßigkeit der Verfassung, 1964, bes. S. 35 f. Übersicht über den Stand der Diskussion des verfassungsrechtlichen Steuerbegriffs: *Selmer* (N 1), S. 80 bis 137.

[6] Dazu grundlegend *Leisner* JZ 1964, 201—206; ders., Von der Verfassungsmäßigkeit (N 5).

Es sei vorerst die Frage zurückgestellt, wieweit die Kompetenznormen, die das Finanzierungssystem der Sozialversicherung betreffen, Gesetzesrecht in Verfassungsrecht transponiert haben. Zur Aufbereitung des Sozialversicherungsbeitrags für die kompetenzrechtliche Qualifikation am Maßstab des Grundgesetzes ist seine finanzrechtliche Qualifikation am Maßstab des einfachen Gesetzesrechts erforderlich. Es ist zunächst festzustellen, wo sein Standort unter den Abgabentypen des allgemeinen deutschen Gesetzesrechts zu suchen ist. Aus der Perspektive des Kompetenzrechts kommt es darauf an, ob der Sozialversicherungsbeitrag als Steuer oder als nichtsteuerliches Finanzierungsmittel zu werten ist.

II. Die finanzrechtliche Qualifikation des Sozialversicherungsbeitrags

1. Der prinzipiengerechte Beitrag

Der Sozialversicherungsbeitrag unterscheidet sich von der Privatversicherungsprämie dem Inhalt nach durch seine Abweichung vom versicherungstechnischen Äquivalenzprinzip[1], der Form nach durch seine öffentlichrechtliche Rechtsnatur[2]. Er ist eine einseitig-hoheitlich auferlegte Geldleistung: mithin eine *öffentliche Abgabe*[3]. Es bereitet allerdings Schwierigkeiten, den Sozialversicherungsbeitrag ohne Gewaltsamkeit einem Abgabentypus der herkömmlichen Typenreihe „Gebühr-Beitrag-Steuer" zuzuordnen.

a) Qualifikation als finanzrechtlicher Beitrag (Vorzugslast)

aa) Vom Wort Sozialversicherungs-„Beitrag" her liegt die Qualifikation als *Beitrag* nahe. Im „Beitrags"-Begriff versteckt sich eine Homonymie. Er bezeichnet zwei unterschiedliche Abgabenformen, die in der finanzrechtlichen Dogmatik zumeist nicht deutlich auseinandergehalten werden[1]:

---

[1] s. o. B I.
[2] Zu der heute erledigten Streitfrage, ob der Sozialversicherungsbeitrag als Privatversicherungsprämie zu werten sei: *Herrmann*, Intermediäre Finanzgewalten, 1936, S. 11 f.
[3] Zum Begriff „öffentliche Abgabe": *Kruse*, Steuerrecht I, 1973³, S. 16 f.; *Mattern* BB 1970, 1405.

[1] Klare Distinktion bei Otto *Mayer*, Deutsches Verwaltungsrecht II, 1924³, S. 230—236; *Kruse*, Steuerrecht I, 1973³, S. 16 f., 23; *Vogel - Walter*, Bonner Kommentar, Zweitbearb. 1971, Art. 105/Rdnr. 40; *Flämig*, Beiträge, in: HwStR I, 1972, S. 129 f. Die verschiedenen „Beitrags"-Tatbestände werden ineinsgesetzt etwa von *Fleiner* (Institutionen des Deutschen Verwaltungsrechts, 1912², S. 372—374), Werner *Weber* (Deutsche Rentenversicherung 1963, 163), *Spanner* (Hübschmann - Hepp - Spitaler, Komm. z. RAO, 1.—6. A., 1951/71, AO § 1/Rdnr. 153) und *Henle* (Die Ordnung der Finanzen in der BRD, 1964, S. 149 f.).

— den eigentlichen finanzrechtlichen Beitrag — auch Beitrag im engeren Sinne — als Vorzugslast (Beispiel: der Erschließungsbeitrag nach §§ 127 ff. BBauG),

— den korporativen Beitrag — auch Beitrag im weiteren Sinne, Umlage oder Mitgliedschaftsbeitrag — als Verbandslast (Beispiel: der Mitgliedschaftsbeitrag zu einer Berufskammer).

Die Vorzugslast bildet das öffentlichrechtliche Seitenstück zur Gegenleistung des Austauschvertrags im Privatrecht, während die Verbandslast das Analogon zum Vereinsbeitrag darstellt.

bb) Wer den Sozialversicherungsbeitrag im wesentlichen als Entgelt für den individuellen Versicherungsschutz sieht[2], muß dazu neigen, ihn der *Vorzugslast* zuzurechnen: dem Ausgleich für einen Sondervorteil, der dem einzelnen aus einer Veranstaltung des Staates erwächst. Der Sondervorteil, den der finanzrechtliche Beitrag abgilt, ist die Möglichkeit einer besonderen Inanspruchnahme der Verwaltung. Die Beitragspflicht entsteht — im Unterschied zur Gebührenpflicht — ohne Rücksicht darauf, ob der einzelne die Verwaltung auch tatsächlich in Anspruch nimmt[3]. Beim Sozialversicherungsbeitrag liegt die Qualifikation als finanzrechtlicher Beitrag[4] näher denn die als die Gebühr[5], weil es nicht

---

[2] So etwa Klaus *Vogel* DVBl. 1958, 492 Anm. 17.

[3] Zum Wesen des finanzrechtlichen Beitrags

a) aus juristischer Sicht:
BVerfGE 7, 244 (254—257); 9, 291 (297); Otto *Mayer*, Deutsches Verwaltungsrecht, 1923/24[3], I, S. 315; II, S. 230—236; Walter *Jellinek*, Verwaltungsrecht, 1931[3], S. 391—393; *Ipsen*, Die Rundfunkgebühr, 1958[2], S. 63; *Kruse* (N 1), S. 23; *Paulick*, Lehrbuch des allgemeinen Steuerrechts, 1971, S. 50—52; H. J. *Wolff*, Verwaltungsrecht I, 1971[8], § 42 II 2; *Hettlage*, Beiträge, in: HWSW I, 1956, S. 727—731; *Eyben*, Die Abgabenform des Beitrags und ihre praktischen Schwerpunkte, Diss. Göttingen, 1969;

b) aus finanzwissenschaftlicher Sicht:
Adolf *Wagner*, Finanzwissenschaft II, 1890[2], S. 189—193; Institut „Finanzen und Steuern", Der Fiskus als Sozialpolitiker (Heft 77, 1965), S. 155; *Hansmeyer - Fürst*, Die Gebühren, 1968, S. 26—29 mit Nachw.

[4] Der Sozialversicherungsbeitrag wird als (finanzrechtlicher) Beitrag qualifiziert von: *Fleiner* (N 1, S. 373, 374 — ohne besondere Abhebung von der Verbandslast); *Herrmann*, Intermediäre Finanzgewalten, 1936, S. 12; *Kühn - Kutter*, AO, 1970[10], § 1 AO/Rdnr. 1 e; Horst *Peters*, Handbuch der Krankenversicherung II, 1970[17], Vorbem. IV/1 vor § 380; Werner *Weber*, in: E. R. Huber (Hrsg.), Idee und Ordnung des Reiches II, 1943, S. 86; ders., Deutsche Rentenversicherung 1963, 153; H. J. *Wolff* (N 3), § 42 II 2. Ähnlich Klaus *Vogel* DVBl. 1958, 492, Anm. 17. Einschränkend: *Kruse* (N 1), S. 23. —
Die Beitrags-Qualität wird abgelehnt von: BVerfGE 11, 105 (117); 14, 312 (317 f.); *Hettlage* (N 3), S. 730; *Eyben* (N 3), S. 172—175.

[5] Immerhin könnte für die „Gebühren"-Qualität angeführt werden, daß bereits die Freistellung vom versicherten Risiko eine aktuelle Verwaltungsleistung bilde. Als Vergleichstatbestand ließe sich die „Bereithaltungsgebühr" heranziehen, wie sie für den Anschluß an eine öffentliche Wasserleitung oder Kanalisation erhoben werden kann (dazu *Leisner*, Bayerisches Verwaltungsrecht in der Rechtsprechung, 1968, S. 164, 196 f.). Die Abgrenzung des Beitrags von der Gebühr braucht aber in diesem Zusammenhang

II. Die finanzrechtliche Qualifikation des Sozialversicherungsbeitrags

darauf ankommt, ob sich der Versicherungsschutz für den einzelnen aktualisiert.

Sozialversicherungsbeitrag und Vorzugslast finden ihren gemeinsamen Nenner im *Äquivalenzgedanken*. Das versicherungstechnische Äquivalenzprinzip[6] korrespondiert mit dem finanzwissenschaftlichen Äquivalenzprinzip[7], dem die Vorzugslast folgt, wenngleich sie nicht mit ihm identisch ist. Beide Grundsätze sind analoge Ausprägungen der iustitia commutativa, welche die Gleichwertigkeit von Leistung und Gegenleistung fordert. Die finanzwirtschaftliche Äquivalenz erreicht nicht den gleichen Grad an Konkretheit wie der Versicherungsgrundsatz. Auch die finanz*rechtlichen* Ableitungen aus dem metajuristischen, finanz*wissenschaftlichen* Prinzip — die Gebote der Kostendeckung (Kostenäquivalenz) und der Äquivalenz im engeren (finanzrechtlichen) Sinne (Nutzenäquivalenz)[8] — bleiben an Eindeutigkeit und Praktikabilität hinter dem Versicherungsgrundsatz zurück. Die Kostendeckung, die als Untergrenze der Beitragsbemessung auf den Verwaltungsaufwand für einen ganzen Verwaltungszweig abstellt[9], deckt sich mit der Globaläquivalenz. Die finanzrechtliche Äquivalenz, die den Wert der Verwaltungsleistung für den einzelnen als Obergrenze der Beitragsbemessung markiert[10], entspricht der individualen Äquivalenz des Versicherungsbereichs. Das Dilemma des finanzrechtlichen Äquivalenzprinzips liegt darin, den „Wert" eines staatlich gewährten Vorteils in Geld auszudrücken[11]. Der versicherungsmathematische Kalkül versagt vor der

---

nicht vertieft zu werden, weil sie für die Aufbereitung der kompetenzrechtlichen Qualifikation des Sozialversicherungsbeitrags nichts hergibt. — Die Zuordnung zur Gebühr wird ausdrücklich abgelehnt von *Herrmann* (N 4), S. 12.

[6] s. o. B I.

[7] Zum finanzwissenschaftlichen Äquivalenzprinzip: *Haller* FinArch n. F. 21 (1961), 248—260; ders., Die Steuern, 1964, S. 12—69.

[8] Das erste Maß bestimmt das Abgabe-Äquivalent nach den Kosten der Verwaltung, das zweite nach dem Nutzen des Bürgers. Zu den Kosten- und Nutzenkriterien: *Hansmeyer - Fürst* (N 3), S. 122 f.; *Haller*, Die Steuern, 1964, S. 12 f., 15—36; Institut „Finanzen und Steuern" (N 3), S. 152 f.

[9] Zum Kostendeckungsprinzip im Beitrags- und Gebührenrecht: *Eyben* (N 3), S. 95—99; *Hansmeyer - Fürst* (N 3), S. 124—134; *Kloepfer* AöR 97 (1972), 248—252; *Kreft*, Die begriffliche Abgrenzung von Steuer und Gebühr, Diss. Göttingen 1968, S. 211—221; *Leisner*, Gedächtnisschrift für Hans Peters, 1967, S. 739 f., 743—745; *Püttner*, Allgemeines Verwaltungsrecht, 1971, S. 125 f.; *Raecke*, Das Kostendeckungsprinzip, 1971; *Rupp*, Verfassungsrechtliche Aspekte der Postgebühren und des Wettbewerbs der Deutschen Bundespost mit den Kreditinstituten, 1971, S. 8 f.; 22 f.; *Stephan* JurA 1970, 870—873; *Wolff* (N 3), § 42 II 2.

[10] Zum Äquivalenzprinzip im Recht der Vorzugslast: *Eyben* (N 3), S. 101 bis 103; *Hansmeyer - Fürst* (N 3), S. 121—124; *Kloepfer* AöR 97 (1972), S. 252 bis 254; *Kreft* (N 9), S. 72—86; *Leisner* (N 9), S. 740—745; *Püttner* (N 9), S. 125 f.; *Rupp* (N 9), S. 9, 23; *Stephan* JurA 1970, 873—876, 877 ff.; *Wolff* (N 3), § 42 II 2.

Verwaltungsleistung, die nicht ökonomisch quantifizierbar ist. Die finanzrechtlichen Bemessungskriterien müssen dem Gesetzgeber einen weiten Ermessensspielraum belassen. Die wesentliche normative Wirkung des finanzrechtlichen Äquivalenzprinzips — wie eines jeden Rechtsprinzips — liegt darin, daß es die Ausrichtung an einem Gegenprinzip untersagt.

cc) Der Sozialversicherungsbeitrag aber öffnet sich im Solidarausgleich dem Gegenprinzip zur Äquivalenz — der *Leistungsfähigkeit*[12]. Das Recht der Vorzugslast kennt kein Seitenstück zum Solidargrundsatz, das den Entgelt-Charakter modifizierte und die Opferfähigkeit des Schuldners als Maxime der Tarifgestaltung einführte[13]. Die Vorzugslast (Beitrag wie Gebühr) ist kein Instrument des Sozialstaates zur Umverteilung und Lenkung[14]. Es ist zwar eine sozialpolitische Ermessensfrage, ob eine Verwaltungsleistung an eine Gegenleistung des Bürgers geknüpft oder ob sie zum „Nulltarif" erbracht wird. Wenn aber die Entscheidung für die Beitrags- oder Gebührenpflicht gefallen ist, sperrt sich die Vorzugslast grundsätzlich gegen sozialpolitische Gestaltungsversuche. In Härtefällen mag die Rücksichtnahme auf die geringe Leistungsfähigkeit des einzelnen als soziales Billigkeits-Korrektiv wirken und die Abgabensenkung unter die (in ihrer Geltungsweite ohnehin bestrittene)[15] Kostendeckungsgrenze rechtfertigen — eine Kompensation durch Beitragserhöhung zu Lasten der übrigen Pflichtigen scheitert jedoch an der Obergrenze, die das finanzrechtliche Äquivalenzprinzip aufrichtet[16]. Die Deckungslücke kann nur aus Steuermitteln geschlossen

---

[11] Dazu *Haller* FinArch n.F. 21 (1961), 249 f.; *Leisner* (N 9), S. 741; *Kloepfer* AöR 97 (1972), 251. Grundsätzlich zur ökonomischen Bewertung von Staatsakten: *Leisner*, Effizienz als Rechtsprinzip, 1971, bes. S. 49—51.

[12] Zur Antinomie Äquivalenz-Leistungsfähigkeit: *Haller*, Die Steuern, 1964, S. 12—15.

[13] Die Anwendbarkeit des Leistungsfähigkeitskriteriums wird grundsätzlich abgelehnt von *Leisner* (N 9), S. 730—747; *Stephan* JurA 1970, 876 f.; *Rupp* (N 9), S. 18—25; *Püttner*, Wirtschaftsrecht 1971, 117; ders. (N 9), S. 126; Institut „Finanzen und Steuern" (N 3), S. 156. — Die Antithese — die Zulässigkeit der „lenkenden Gebühr" — verficht Kloepfer AöR 97 (1972), 232 bis 275 (bes. S. 256—259).

[14] Dezidierte Gegenansicht: *Kloepfer* AöR 97 (1972), 257—259, 264.

[15] Die generelle Geltung wird bejaht von *Leisner* (N 9, S. 740 — zur Gebühr); *Rupp* (N 9), S. 23 — zur Gebühr); *Eyben* (N 3, S. 95 f. — zum Beitrag); abgelehnt von *Kloepfer* (AöR 97, 1972, 248—252). — Weit. Nachw. bei *Raecke* (N 9), S. 11—21.

[16] So zum Gebührenrecht: *Leisner* (N 9), S. 746; *Püttner* (N 9), S. 126; *Stephan* JurA 1970, 877. — Im Ergebnis gleich finanzwissenschaftliche Stellungnahmen: *Haller*, FinArch nF 21, 1961, 255 f.; ders., Die Steuern, 1964, S. 23; Institut „Finanzen und Steuern" (N 3), S. 152; *Hansmeyer - Fürst* (N 3), S. 120. — Gegenthese (Zulässigkeit eines gebührenrechtlichen Quasi-Solidarausgleichs ohne Solidargemeinschaft): *Kreft* (N 9), S. 221—227 (Formvertauschung von „Progressivgebühr" und korporativem Beitrag); *Kloepfer* AöR 97 (1972), 258. — Mittelmeinung: Enno *Becker*, RAO, 1926⁵, § 1 Anm. 5

II. Die finanzrechtliche Qualifikation des Sozialversicherungsbeitrags 35

werden. Die Vorzugslast darf das Maß des Sondervorteils nicht überschreiten. Sie gleicht persönliche Vorteile aus, nicht soziale Unterschiede. Ihr obliegt die umgekehrte Ausgleichsfunktion zwischen Staat und Individuum wie dem Institut der Aufopferung: Über die Aufopferung wird ein Sonderopfer des einzelnen durch Entschädigung der Allgemeinheit, über die Vorzugslast eine Sonderleistung der Allgemeinheit durch Abgabenbelastung des einzelnen kompensiert. Gebühr und (finanzrechtlicher) Beitrag stellen auf die individuelle Beziehung zwischen dem staatlichen Leistungsträger und dem individuellen Leistungsempfänger ab, nicht dagegen, wie der Sozialversicherungsbeitrag, auf die kollektive Beziehung unter den verschiedenen Leistungsempfängern. Daß einzelne Bürger in ähnlicher Weise von einer Verwaltungseinrichtung begünstigt werden, begründet noch keine Solidargemeinschaft[17]. Es fehlt damit die Grundlage für einen finanzrechtlichen Solidarausgleich. Solidarausgleich und individueller Vorteilsausgleich sind Gegensätze[18].

Die Vorzugslast wahrt durch Äquivalenzbindung und Ausschaltung des Leistungsfähigkeitskriteriums die *Distanz zur Steuer*[19]. Es ist ein Gebot rechtsstaatlicher Berechenbarkeit, daß die Distanz gehalten und die Formgesetzlichkeit der nichtsteuerlichen Abgaben beachtet wird. Auf der rechtsstaatlichen Abgabentypik baut die bundesstaatliche Verteilung der Finanzhoheit zwischen Bund und Ländern auf. Das gilt insbesondere von der Regelung der Ertragskompetenz. Der Verfassunggeber brauchte das Aufkommen aus Gebühren und Beiträgen nicht eigens aufzuschlüsseln wie das Steueraufkommen (Art. 106 GG), weil die strenge Äquivalenzbindung der Vorzugslast die Erträge limitiert, während die Steuereinnahmen nicht in gleicher Weise meßbar sind.

Die finanzpolitische Praxis neigt jedoch häufig dazu, die Formstrenge aufzuweichen und das Leistungsfähigkeitsprinzip (gelegentlich unter der Flagge des „Sozialprinzips") in das Gebühren- und Beitragsrecht einzuführen[20]. Wer diese Tendenzen juristisch rechtfertigen möchte, ist um rechtserhebliche Abgrenzungsmerkmale, die den Nivellierungsprozeß von Vorzugslast und Steuer überdauern, verlegen. So versagt der Unterscheidungsvorschlag, daß für die Inanspruchnahme der Verwaltung lediglich Gebühren (bzw. Beiträge), nicht aber Steuern erhoben werden dürften[21]. Das Kriterium greift

---

(S. 9: der Ausschluß des Leistungsfähigkeitsmaßstabes für die Gebühr — eine finanzwissenschaftliche Forderung mit rechtlicher Geltung nur dort, wo sie durch Gesetz oder Gewohnheit anerkannt sei).

[17] Zutreffend *Kloepfer* AöR 97 (1972), 261: Der Gebührenschuldner könne kaum auf die Solidarität seiner nicht oder nicht so intensiv betroffenen Mitbürger hoffen.

[18] Zum Unterschied der Ausgleichsformen: BVerfGE 11, 105 (117); 14, 312 (317 f.).

[19] Dazu *Leisner* (N 9), S. 745—747; *Rupp* (N 9), S. 23 f.

[20] Dazu *Leisner* (N 9), S. 745; *Stephan* JurA 1970, S. 867 f.; *Kloepfer* AöR 97 (1972), 236—238.

[21] So der Abgrenzungsversuch *Kloepfers* AöR 97 (1972), 240, 251 f.

ins Leere, wenn Gebühr und Beitrag beliebig nach Äquivalenz- wie nach Leistungsfähigkeitsgesichtspunkten bemessen und nach freier Wahl als „Verwaltungspreis" oder als „Verwaltungssteuer"[22] ausgestaltet werden dürfen. Falls die Vorzugslast nicht mehr notwendig auf den Entgeltcharakter festgelegt ist, entfällt das spezifische Regulativ, das im rechtsstaatlich geordneten Staat-Bürger-Verhältnis und in der föderalen Bund-Länder-Beziehung die Höhe der Abgabenlast bzw. des Abgabenaufkommens meßbar macht.

Im übrigen ist der Abgabegegenstand „Inanspruchnahme der Verwaltung" nicht von Verfassungs wegen der Vorzugslast vorbehalten; er eignet sich auch als Objekt der Besteuerung. So hat das Grundgesetz die Besteuerung der Briefbeförderung, wie sie das „Notopfer Bedlin" darstellte, ausdrücklich als Steuer qualifiziert und insofern gutgeheißen[23]. Die Schankerlaubnissteuer knüpft ebenfalls an eine Verwaltungsmaßnahme an[24], ohne deshalb in unzulässige Konkurrenz zur Verwaltungsgebühr zu treten.

dd) Da sich die Vorzugslast dem Leistungsfähigkeitsprinzip verschließt und nicht in den Dienst sozialer Umverteilung stellen läßt, kann ihr der Sozialversicherungsbeitrag nicht zugeordnet werden. Dagegen sind Zwangsbeiträge zu einer öffentlichrechtlichen Individualversicherung, der die Solidarkomponente fremd ist (etwa eine Brandkasse oder Hagelversicherung mit Beitragshoheit), als finanzrechtliche Beiträge zu werten[25].

b) Qualifikation als korporativer Beitrag (Verbandslast)

Der Umstand, der eine Wertung des Sozialversicherungsbeitrags als Vorzugslast hindert, steht einer Qualifikation als Verbandslast nicht im Wege[1]. Der korporative Beitrag kann nach der Leistungsfähigkeit des Pflichtigen bemessen werden[2]. Die Verbandslast gründet in einem Lastenverband[3]. Der Zusammenhang zur sozialversicherungsrecht-

---

[22] Kategoriengegensatz im Titel von *Leisners* Aufsatz zu den Gebührengrundsätzen (N 9).

[23] Art. 106 I 6 GG i. d. F. v. 23. 12. 1955.

[24] Zur verfassungsrechtlichen Zulässigkeit der Schankerlaubnissteuer: BVerfGE 13, 181—204.

[25] Zur Beitragsgestaltung der Individualversicherungen des öffentlichen Rechts: *Selmer*, Steuerinterventionismus und Verfassungsrecht, 1972, S. 190 bis 194.

[1] Der Sozialversicherungsbeitrag wird den korporativen Zwangsbeiträgen zugeordnet von: *Fleiner*, Institutionen des Deutschen Verwaltungsrechts, 1912², S. 374 (tatbestandliche Kongruenz von Vorzugs- und Verbandslast); *Selmer*, Steuerinterventionismus und Verfassungsrecht, 1972, S. 183 und passim; wohl auch *Flämig*, Beitrag, in: HwStR I, 1972, S. 129. — Grundsätzlich zu Struktur und Legitimation der korporativen Beiträge (Verbandslasten): BayVerfG n. F. 4, 30 (40 f.); Otto *Mayer*, Deutsches Verwaltungsrecht II, 1924³, S. 236—242; Klaus *Vogel*, DVBl. 1958, 491—493; *Eyben*, Die Abgabeform des Beitrags und ihre praktischen Schwerpunkte, Diss. Göttingen 1969, S. 168—172 (Nachw.); *Selmer*, ebenda, S. 183—208.

[2] BVerwG Urt. v. 13. 3. 1962, NJW 1962, 1311 (1312) und Urt. v. 25. 11. 1971, DÖV 1972, 423 (425); BGHZ 55, 244 (246).

[3] Vgl. Otto *Mayer* (N 1), S. 236; BayVerfGH 4, 30 (40 f.).

lichen Solidargemeinschaft liegt nahe. Nunmehr verlagern sich aber die Zuordnungsschwierigkeiten von der Solidar- auf die Äquivalenzkomponente.

Der korporative Beitrag ist nicht auf individuale Äquivalenz angelegt. Er ist nicht dazu bestimmt, einzelne Leistungen abzugelten, sondern den allgemeinen Finanzbedarf der Korporation zu decken. Das Beitragsaufkommen ist zwar zweckgebunden[4]. Aber die Bindung bezieht sich nur auf die Gesamtheit der Korporationszwecke, nicht auf die Aufgaben, die dem Verband gerade im Interesse des einzelnen Beitragspflichtigen obliegen. Der korporative Beitrag stellt auf die Mitgliedschaft als solche ab, nicht notwendig auf individualisierbare Vorteile, die dem einzelnen aus der Mitgliedschaft erwachsen. Die Leistungen einer Berufskammer — der typischen Trägerin von korporativer Beitragsgewalt — lassen sich im Regelfall auch nicht zerlegen und einzelnen Mitgliedern zurechnen.

Während dem korporativen Beitrag somit der Entgeltcharakter fehlt, mangelt dem Sozialversicherungsbeitrag die korporative Legitimation. Der Gesichtspunkt der Mitgliedschaft allein rechtfertigt die Beitragspflicht noch nicht einmal in der Gesetzlichen Krankenversicherung, die körperschaftlich organisiert ist. Den Ausschlag gibt nicht die Kassenzugehörigkeit als solche, sondern die sozialversicherungsrechtliche Leistungsbeziehung, die nicht unbedingt auf die mitgliedschaftliche Organisationsform angewiesen ist. So sind die Renten- und die Arbeitslosenversicherung anstaltlich verfaßt.

c) Qualifikation als Steuer (Gemeinlast)

Die wirtschaftlichen Wirkungen des Sozialversicherungsbeitrags kommen denen der Steuer gleich. Der Beitrag wird deshalb in wirtschaftlichem Schrifttum, aber nicht nur in diesem, als Steuer oder doch steuergleiche Abgabe gewertet[1]. Ob diese Qualifikation auch auf der Ebene

---

[4] Beispielhaft zur Zweckbindung der Erhebung und Verwendung von (korporativen) Beitragsmitteln, in bezug auf Notarkammern: *Seybold - Hornig*, Bundesnotarordnung, 1962[4], § 73/Rdnr. 2. Das Sozialversicherungsrecht spricht das Verbot der Zweckentfremdung ausdrücklich für die Ersatzkassen in § 509 RVO aus.

[1] So Fritz-Karl *Mann*, Deutsche Finanzwirtschaft 1929, S. 88 (finanzielle Lasten der Sozialversicherung — wirtschaftlich steuergleich); ders., Die Staatswirtschaft unserer Zeit, 1930, S. 20; ders., Steuerpolitische Ideale, 1937, S. 339; *Herrmann*, Intermediäre Finanzgewalten, 1936, S. 5 f., 11—13 (hilfsfiskalische Abgaben zur Sozialversicherung als „Quasisteuern" — steuerähnlich, aber noch nicht Steuern); *Büchner*, Beiträge, in: Handbuch der Finanzwissenschaft II, 1956[2], S. 236 f. (Übergänge zu Steuern); *Achinger*, Sozialpolitik als Gesellschaftspolitik, 1958, S. 118, 144 (Arbeitgeberbeiträge — Wirkungen als indirekte Steuern); Elisabeth *Liefmann - Keil*, Ökonomische Theorie der Sozialpolitik, 1961, S. 159 f., 162, 166 (Arbeitnehmerbeiträge als direkte, Arbeitgeberbeiträge als indirekte Steuern); dieselbe, Gegenwart und Zukunft der sozialen Altersvorsorge, 1967, S. 135, 137; *Neubauer*, Makroökonomische Kostenstrukturen im System der Statistik des Sozialprodukts

des Finanzverfassungsrechts Bestand hat, hängt wesentlich von der Vorfrage ab, ob der Sozialversicherungsbeitrag die Merkmale der Steuerdefinition des § 1 RAO erfüllt.

aa) Daß der Gesetzgeber von „Beiträgen" zur Sozialversicherung spricht, ist für die finanz-(verfassungs-)rechtliche Qualifikation gleichgültig. Die Steuereigenschaft hängt nicht von der *Bezeichnung* ab. Wäre es anders, könnte der Gesetzgeber mühelos die Kompetenzverteilung unterlaufen und sich zusätzliche Zuständigkeiten zur Steuergesetzgebung verschaffen[2].

bb) Die Steuerqualität scheidet nicht deshalb von vorneherein aus, weil dem Träger der Sozialversicherung nach der Zuständigkeitsverteilung des Grundgesetzes *keine Steuerhoheit* zukommt[3]. Von der Steuerhoheit hängt es zwar ab, ob eine Steuer rechtens erhoben werden darf, nicht aber, ob eine Geldlast als Steuer zu werten ist[4]. Die Begriffskriterien der Steuer sind von ihren Zulässigkeitskriterien zu unterscheiden. Begriffskriterium des § 1 RAO ist lediglich, daß die Geldleistung von einem *„öffentlichen Gemeinwesen"*, also einer beliebigen juristischen Person des öffentlichen Rechts, auferlegt wird.

Es besteht kein Grund, in diesem Punkte den verfassungsrechtlichen Steuerbegriff nach Art. 105 ff. GG enger zu fassen und nur Abgaben,

---

und der Input-Output-Verflechtung, 1966, S. 27 (Arbeitgeberzuschüsse — „eine Art Kostensteuer"); *Schmölders*, Finanzpolitik, 1970[3], S. 39 (Abgaben zu intermediären Finanzgewalten — steuerähnlich). Im juristischen Schrifttum finden sich vorsichtige Stellungnahmen mit der gleichen Tendenz: *Fleiner* sieht in der Erhebung von (korporativen) Beiträgen, zu denen er die Sozialversicherungsabgaben zählt, die Ausübung eines „Besteuerungsrechtes" des Verbandes über seine Mitglieder (Institutionen des Deutschen Verwaltungsrechts, 1912[2], S. 374). Nach *Wannagat* unterscheidet sich — „volkswirtschaftlich betrachtet" — der Sozialversicherungsbeitrag „nicht mehr wesentlich von der Steuer" (Lehrbuch des Sozialversicherungsrechts I, 1965, S. 156, 225 — im Anschluß an *Liefmann - Keil*). *Eyben* spricht ihm „steuerähnliche Züge" zu (Die Abgabenform des Beitrags und ihre praktischen Schwerpunkte, Diss. Göttingen 1969, S. 175).

[2] Vgl. BVerfGE 7, 244 (251 f.); 9, 291 (300); *Götz* AöR 85 (1960), 213 f.; *Kruse*, Steuerrecht I, 1973[3], S. 18; *Pestalozza*, Formenmißbrauch des Staates, 1973, S. 153 f. So auch schon Enno *Becker*, RAO, 1926[5], Anm. 5 (S. 9).

[3] So aber *Spanner* in: Hübschmann - Hepp - Spitaler, Komm. z. RAO, 1.—6. Aufl. 1951/71, § 1 AO/Rdnr. 153.

[4] So zutreffend: *Tipke - Kruse*, AO, 2.—5. Aufl. 1965/72, § 1 RAO A 6; *Kruse* (N 2), S. 18 f.; *Selmer*, Steuerinterventionismus und Verfassungsrecht, 1972, S. 192 f. — Gegenmeinung, nur die steuererhebungsberechtigten Gebietskörperschaften und die Religionsgesellschaften des öffentlichen Rechts seien „Gemeinwesen" im Sinne des § 1 RAO: *Spanner* (N 3), § 1 AO/Rdnr. 12; (*Becker*) - (*Riewald*) - *Koch*, RAO, 1963[9], § 1 AO/Anm. 3 c; *Barske*, Reichsabgabenordnung, 1968[8], S. 8; VG Berlin, Urt. v. 6. 5. 1970, DVBl. 1971, 77 (78 — zur Filmförderungsabgabe). Ähnlich knüpfen *Vogel - Walter* den verfassungsrechtlichen Steuerbegriff i. S. der Art. 105 ff. GG an die Ertragshoheit der abgabenerhebenden Körperschaft (Bonner Kommentar, Zweitbearb., 1971, Art. 105/Rndr. 38 f., 53 f.).

II. Die finanzrechtliche Qualifikation des Sozialversicherungsbeitrags

die von zuständigen Trägern der Steuer-(ertrags-)hoheit auferlegt werden, als „Steuer" zu werten[5]. Wer die Form der Steuer und die Besteuerungskompetenz nicht auseinanderhält, verbaut sich die Möglichkeit, die Usurpation von Steuerzuständigkeiten durch parafiskalische Hoheitsträger dogmatisch zu bewältigen, weil er die kompetenzwidrig auferlegte Steuer voreilig zu einer begrifflichen Unmöglichkeit erklärt hat.

cc) Die Umverteilungsfunktion des Sozialversicherungsbeitrags steht der Zuordnung zur Steuer nicht im Wege. Jede Steuer dient auch *außerfiskalischen Zielen*. Die reine Fiskalsteuer ist ein finanzwissenschaftlicher Idealtyp, der niemals zu rechtlicher Existenz in concreto gelangt ist. Für die Steuerqualität genügt es nach § 1 RAO wie nach Art. 105 ff. GG, daß die Abgabe auch — zumindest als Nebenzweck — zur Einnahmeerzielung erhoben wird[6]. Diese Voraussetzung ist im Sozialversicherungsbeitrag erfüllt[7].

dd) Eine Abgabe, die als Gegenleistung für eine besondere Leistung konzipiert ist, kann keine Steuer sein. Die Steuer ist ex definitione *gegenleistungsfrei*. Dieses Merkmal wird noch nicht angetastet, wenn die Gesamtheit des Abgabenertrages für bestimmte Finanzierungsaufgaben festgelegt ist. Die Bindung auf der Ausgabenseite begründet keinen steuerfremden Leistungsaustausch. Sie zeitigt lediglich haushaltsrechtliche Konsequenzen dadurch, daß sie den Non-Affectations-Grundsatz durchbricht. Die *Zwecksteuer* ist eine anerkannte Erscheinungsform der Steuer[8].

Ebenso unerheblich wie die allgemeine Ausgabenbindung ist die allgemeine Festlegung der Einnahmenbemessung auf das Prinzip der *Globaläquivalenz*, wie es § 385 I 1 RVO anspricht[9]. Es steht dem Steuergesetzgeber frei, sich an diesem Prinzip zu orientieren[10]. Wenn die (für

---

[5] So aber *Vogel - Walter* (N 4) und *Brodersen*, Festschrift für Wacke, 1972, S. 108.

[6] So die Klarstellung in § 2 I 1/2. Hs. Entwurf einer Abgabenordnung 1969: „die Einnahmeerzielung kann Nebenzweck sein". Zur Zulässigkeit außerfiskalischer Steuerzwecke (jeweils mit Nachw.): *BVerfGE* 3, 407 (435 f.); *Mattern* BB 1970, 1405—1412; *Vogel - Walter* (N 4), Art. 105/Rdnr. 47—51; *Starck*, Festschrift für Wacke, 1972, S. 198—210; *Kruse* (N 2), S. 19—21; *Selmer* (N 4), S. 59—137; *Pestalozza* (N 2), S. 41 f.

[7] Das BVerfG definiert die „Beiträge im besonderen Sinne des Sozialversicherungsrechts" geradezu vom Finanzzweck her: „grundsätzlich alle Geldleistungen, die von Versicherten oder Arbeitgebern — zur Deckung des Finanzbedarfs der Versicherungsträger aufgebracht werden" (E 14, 312 [318]).

[8] Zur „Steuer"-Eigenschaft der Zwecksteuer: *BVerfGE* 7, 244 (254 f.); 9, 291 (300); *BFH* BStBl. III 1953, 183 (185); Enno *Becker* (N 2), § 1 Anm. 2 (S. 11); *Mußgnug*, Festschrift für Forsthoff, 1972, S. 272 f.; *Kruse* (N 2), S. 21; *Selmer* (N 4), S. 193, 196; *Vogel - Walter* (N 4), Art. 105/Rdnr. 44; *Götz* AöR 85 (1960), 211.

[9] s. o. B I.

[10] Vgl. *Kloepfer* AöR 97 (1972), 241 (jedoch über das Ziel hinausschießend).

Zwecke des Straßenbaus gebundene) Mineralölsteuer über das Äquivalenzprinzip gerechtfertigt wird[11], wird damit ihre Steuer-Eigenschaft nicht in Frage gestellt.

ee) Eine Abgabe nimmt erst dann Entgeltcharakter an, wenn sie über Globaläquivalenz hinaus auf *individuale Äquivalenz* angelegt ist und damit die Bindungen nicht nur die Gesamteinnahmen, sondern auch die jeweilige Abgabenschuld des einzelnen Pflichtigen erfassen. Die individuale Äquivalenz ist im Sozialversicherungsbeitrag noch wirksam, obwohl sich Leistung und Gegenleistung nicht die Waage halten, wie es bei strikter Geltung des Äquivalenzprinzips der Fall wäre. Solange das Versorgungs- und Fürsorgeprinzip die „Versicherungs"-Elemente nicht gänzlich aus der Sozialversicherung verdrängen, kann auch dem Beitrag nicht schlechthin der „Gegenleistungs"-Charakter abgesprochen werden[12]. Die Verknüpfung von Beitragslast und Versicherungsschutz ist gelockert, doch nicht gelöst. Die Sozialversicherung übernimmt nicht die Maxime des Steuerstaates, zu nehmen, ohne Kompensation zu leisten, und zu geben, ohne Entgelt zu fordern.

Ein Vertreter der *Assekuranztheorie*[13] könnte gegen dieses Ergebnis einwenden, daß die Steuer schlechthin die Versicherungsprämie des Bürgers für den staatlich gewährten (Vermögens-)Schutz sei, und daß daher das Äquivalenz-Element im Sozialversicherungsbeitrag kein Unterscheidungsmerkmal bilden könne[14]. Der doktrinäre Rechtfertigungsversuch der Steuer als Versicherungsprämie ist allerdings in Deutschland längst verabschiedet worden[15], desgleichen das paläoliberale Bild des Staates als einer Versicherungsanstalt. Er versagt bereits deshalb, weil sich die Vielfalt der staatlichen Aufgaben nicht auf den Schutz der Güter des einzelnen Steuerpflichtigen reduzieren läßt, am wenigsten auf den Schutz der Vermögenswerte. Ein Konnex zwischen Steuerpflicht und staatlich gewährten Vorteilen ist schon dadurch ausgeschlossen, daß die Steuer auch im Dienst der sozialstaatlichen Vermögensumschichtung steht. Letztlich projiziert die Asse-

---

[11] Dazu *Wöhe*, Betriebswirtschaftliche Steuerlehre I, 1972³, S. 262; *Haller* FinArch n. F. 21 (1961), 250.

[12] *Herrmann* sieht den Unterschied des Sozialversicherungsbeitrags zur Steuer darin begründet, daß den Versicherten ein gesetzlich genau fixierter Rechtsanspruch erwachse, den Steuerzahlern dagegen nicht (N 1, S. 12). *Vogel* sieht im Sozialversicherungsbeitrag die „Gegenleistung für eine *besondere* Leistung, nämlich für gewährten Versicherungsschutz", obwohl sie weder Gebühr noch abgabenrechtlicher Beitrag sei (DVBl. 1958, 492 Anm. 17). Die *Sozialenquête* hält den Vergleich zwischen Beitrag und Steuer für „nicht gerechtfertigt", soweit die Leistungen der Sozialversicherung „versicherungsmäßig" begründet seien (S. 95, Nr. 248). Eine zumindest partielle Kompensation der sozialversicherungsrechtlichen Lasten mit den jeweils entstehenden Vorteile nimmt *BVerfGE* 29, 221 (237, 343) an.

[13] Zur Assekuranztheorie: Adolph *Wagner*, Finanzwissenschaft II, 1890², S. 217 f. Zur ähnlichen amerikanischen „benefit theory": *Kruse* (N 2), S. 52.

[14] Gegen diese Folgerung *Herrmann* (N 1), S. 12.

[15] So bereits *Wagner* (N 13), S. 218. Vgl. auch *Haller*, FinArch n. F. 21 (1961), 257 f., ders., Die Steuern, 1964, S. 32; *Paulick*, Lehrbuch des allgemeinen Steuerrechts, 1971, S. 44.

kuranztheorie beitrags- und gebührenrechtliche Vorstellungen in die Steuer[16] und läßt die Gemeinlast als Vorzugslast erscheinen.

ff) Gleichwohl hat die durch Umverteilung geschwächte Äquivalenzbindung, für sich genommen, nicht die Kraft, die Sozialversicherungsabgabe aus dem Sog der Steuer herauszuhalten. Hinzukommen muß die Bindung an die *Sondergesetzlichkeit des Solidarausgleichs*, der sich von der steuerlichen Umverteilung unterscheidet. Der Bestimmungsgrund der sozialversicherungsrechtlichen Redistribution ist der Vorteil einer homogenen Bevölkerungsgruppe, nicht der Nutzen der staatlichen Allgemeinheit, dem die Sozialgestaltung durch Steuern folgt. Im Solidarausgleich weicht das Eigeninteresse des beitragspflichtigen Individuums dem Eigeninteresse des Personenkreises, dem es angehört, nicht aber dem Interesse des ganzen Staatsverbandes. Solange sich der Ausgleich im Rahmen einer fundierten Solidargemeinschaft hält, bleibt ein Minimum an Vorteilsbezug zum einzelnen Ausgleichsbeteiligten gewahrt.

Die Distanzierung von der Steuer setzt ferner voraus, daß sich der Solidarausgleich auf eine Bevölkerungs*gruppe* beschränkt. Wenn der abgabenrechtliche Umverteilungsvorgang die ganze Bevölkerung ergriffe, handelte es sich notwendig um eine Gemeinlast. Sollte die bestehende Sozialversicherung, die auf der Gruppensolidarität aufbaut, zur *Volksversicherung* ausgeweitet werden, so wandelte sich der Beitrag ipso iure zur Steuer; denn die gesamtgesellschaftliche Umverteilung kann sich nur über das staatliche Finanzierungssystem der Steuer vollziehen[17]. Der finanzrechtliche Unterschied zwischen einer Volksversicherung und einer Volksversorgung besteht lediglich darin, daß die Volksversicherung über eine Zwecksteuer, die Volksversorgung über allgemeine Haushaltsmittel — also über nicht zweckgebundene Steuererträge — finanziert wird.

Als Ergebnis läßt sich feststellen, daß der Verbund der individualen Äquivalenz und der Gruppensolidarität die Steuereigenschaft der Sozialversicherungsabgabe ausschließt. Von diesem Vorverständnis geht auch der Grundgesetzgeber aus, wenn er die Beitragsfinanzierung der Sozialversicherung nicht im Zusammenhang mit den Steuerkompetenzen regelt.

d) Fazit: Abgabentatbestand eigener Art (Solidarlast)

Es hieße, den Sozialversicherungsbeitrag auf ein Prokrustesbett legen, wollte man ihn einem der hergebrachten Abgabentypen zuweisen. Es besteht dazu auch keinerlei juristische Notwendigkeit.

---

[16] Adolph *Wagner* kennzeichnet die Assekuranztheorie als unzulässige „Verallgemeinerung des Gebührenprinzips" (N 13, S. 218).
[17] Im Ergebnis ähnlich: *Bogs*, Grundfragen des Rechts der sozialen Sicherheit und seiner Reform, 1955, S. 21 (allgemeine „Beiträge" zur Finanzierung einer Staatsbürgerversorgung seien „eine besondere Art einer allgemeinen

D. Die bundesstaatliche Kompetenz für die Sozialversicherung

Die traditionelle Einteilung in Steuern, Beiträge und Gebühren ist nicht abschließend[1]. Da sich die Sozialversicherungsabgabe nicht in diese Einteilung fügt, muß sie als Abgabentatbestand sui generis gewertet werden[2].

Seine Eigenart beruht auf der Verknüpfung der versicherungstechnischen Äquivalenz mit dem Solidarausgleich. Die Gewichtung zwischen den antinomischen Grundsätzen steht nicht von vorneherein fest; sie unterliegt dem Ermessen des Gesetzgebers. Festgelegt ist allein die normative Präsenz beider Prinzipien. Beim Fehlen des einen würde die Versicherungs-, beim Fehlen des anderen die Sozialkomponente der Sozialversicherung ausfallen — mithin auch die Identität der Sozialversicherungsabgabe verloren gehen.

Der formgerechte Sozialversicherungsbeitrag hält etwa die gleiche Distanz zum finanzrechtlichen und korporativen Beitrag wie zur Steuer. Von der Vorzugslast trennt ihn die Ausgleichsfunktion, von der Verbandslast der Entgeltcharakter, von der Gemeinlast die Äquivalenzbindung und die Fundierung in der Gruppensolidarität. Kompetenzrechtlich entscheidend ist der Unterschied zur Steuer.

2. Mutation zur Steuer bei Indienstnahme für Fremdlasten

Der Sozialversicherungsbeitrag ist nicht schlechthin vor der Kollision mit den Normen geschützt, denen die Steuer unterworfen ist. Die Steuer-Exemtion reicht nur soweit, wie er seine Formgesetzlichkeit wahrt und sich nicht zum Steuersurrogat entwickelt. Die Metamorphose zur Steuer setzt ein, wenn er aus seiner Solidar- und Äquivalenzbindung gelöst und zum Finanzierungsinstrument für solidarfremde Zwecke (Fremdlasten) „umfunktioniert" wird[1]. Fremdlasten sind solche Finanzierungs-

---

Steuer"); *Wannagat* (N 1), S. 225. Zum notwendig „staatlichen" Charakter von Leistungen der gesamten Gesellschaft: *Rüfner*, VVDStRL 28 (1970), 198.

[1] Vgl. *Maunz - (Dürig) - (Herzog)*, Grundgesetz, Stand 1971, Art. 104 a/ Rdnr. 8; *Selmer*, Steuerinterventionismus und Verfassungsrecht, 1972, S. 181 f.; *Brodersen*, Festschrift für Wacke, 1972, S. 103, 107.

[2] Von einer solchen Wertung geht das BVerfG aus, wenn es von „Beiträgen in dem besonderen Sinne des Sozialversicherungsrechts spricht (E 14, 312 [318]). Die Sonderstellung betonen *Tipke - Kruse*, AO (1965/72), 2./5. Auflage, § 1 AO A 10; *Kruse*, Steuerrecht I, 1973³, S. 23; *Selmer* (N 1), S. 191. *Henle* spricht von „Zweckabgaben", die den Übergang von Gebühren und Beiträgen zu den Steuern bildeten (Die Ordnung der Finanzen in der BRD, 1964, S. 150).

[1] Grundlegend: Werner *Weber:* „Werden ... einer Körperschaft Lasten auferlegt, die ihr fremd sind, d. h. nicht ihrer Wesensbestimmung entsprechen und von ihren Mitgliedern in ihrer Eigenschaft als beitragspflichtige Genossen der Körperschaft nicht zu verantworten sind, so nimmt die ihr auferlegte Last sofort den Charakter einer Ausnahmebesteuerung an" (Deutsche Rentenversicherung 1963, 153). — Nach *Selmer* ist die Grenze zwischen

aufgaben, die nicht der (legitimen) Solidargemeinschaft und ihrer Angehörigen zugute kommen, sondern einer heterogenen Bevölkerungsgruppe oder der staatlichen Allgemeinheit. Der Gesetzgeber kann nicht souverän Fremdlasten als Eigenlasten deklarieren[2]. Er muß bei der Zuweisung neuer Aufgaben die Sachgesetzlichkeit der Solidargemeinschaft respektieren.

Ein Beispiel der Fremdbelastung bildet die Subventionierung der studentischen Krankenversicherung durch die Versichertengemeinschaften der bestehenden Kassen. Wenn der Beitrag in den Dienst solidarfremder Umverteilungsziele gestellt wird, geht die differentia specifica zur steuerlichen Umverteilung verloren. (Damit wird übrigens erneut deutlich, daß der Sozialversicherungsbeitrag nur in einem System der Gruppenversicherung seine Eigenständigkeit gegenüber der Gemeinlast behauptet und daß, wenn in einem System der Volksversicherung Solidarinteresse und Allgemeininteresse zusammenfallen, nur noch für die Steuer Raum bleibt.)

Der solidarentfremdete Beitrag ist notwendig (Zweck-)Steuer. Es ist nicht möglich, die Abgabe nunmehr in einen systemgerechten, regulären „Beitrags"- und einen durch die Fremdlast veranlaßten „Steuer"-Anteil aufzuspalten. Die Abgabe kann nur einheitlich qualifiziert werden.

Das bedeutet nicht, daß jedwede Zweckentfremdung und jedweder Prinzipienverstoß den Sozialversicherungsbeitrag zur Steuer macht. Erst mit einer bestimmten Quantität der Entfernung von den Wesensgesetzen des einen Abgabentypus tritt der Umschlag in die Qualität des anderen Typus ein. Die Schwelle zur Steuer läßt sich nicht begriffsscharf markieren. Die solidaritätsfremde Finanzierungsaufgabe muß — wenigstens für eine Gruppe der Versicherten — zu einer spürbaren Beitragserhöhung führen.

Tendenziell jedenfalls führt jede Indienstnahme des Sozialversicherungsbeitrags für Fremdlasten in diese Richtung. Der Beitrag greift notwendig in den Vorbehaltsbereich der Steuer über, wenn er außerkorporative Umverteilungsfunktionen ausübt. Der Rubikon der Finanzverfassung ist damit überschritten.

---

der „Sozialversicherungs"-Kompetenz des Art. 74/12 GG und der Steuerkompetenz erreicht, „wenn die körperschaftliche Struktur der Sozialversicherung ersichtlich nur das Vehikel einer *isolierten abgabenrechtlichen Umverteilungsaktion* bildet, die spezifisch versicherungsrechtliche Zusammenhänge in keiner Weise mehr erkennen läßt" (Steuerinterventionismus und Verfassungsrecht, 1972, S. 189). — Nach Horst *Peters* tragen die Beiträge zu den Ersatzkassen, die über die sozialversicherungsrechtliche Zwecklimitierung in § 509 RVO hinausgehen, „nicht mehr den Beitrags-, sondern den Steuercharakter" (Handbuch der Krankenversicherung II, 1970[17], § 509/50).

[2] Im gleichen Sinne Werner *Weber* (N 1), S. 153.

III. Die „Sozialversicherungs"-Zuständigkeit (Art. 74/12 GG) als Kompetenzgrundlage des Solidarausgleichs

1. Die Kompetenzmaterie „Sozialversicherung" als juristischer Typus

Als Kompetenzgrundlage einer Umverteilung durch Sozialversicherungsbeiträge kommt die Gesetzgebungszuständigkeit des Bundes für „die Sozialversicherung" (Art. 74/12 GG) in Betracht.

Das Bundesverfassungsgericht hat den eigenständigen verfassungsrechtlichen Gehalt des Kompetenzbegriffs „Sozialversicherung" erschlossen. Was in diesen Zuständigkeitskreis fällt, hängt von der Qualifikation des Verfassungsrechts ab, nicht aber davon, wie der Gesetzgeber seine Regelung wertet und etikettiert[1]. Nach zwei Richtungen läßt sich die Kompetenzmaterie negativ eingrenzen: Sie beschränkt sich nicht auf den vorkonstitutionellen Regelungsbestand der vier „klassischen" Sozialversicherungszweige (Krankheit, Alter, Invalidität, Unfall)[2]; gegen eine solche restriktive Deutung spricht bereits die ausdrückliche Zuweisung der Arbeitslosenversicherung zur Sozialversicherung. Aber sie umspannt auch nicht das ganze Recht der „sozialen Sicherheit"[3]. Die zweite Deutung verbietet sich schon deshalb, weil der Kompetenzkatalog des Art. 74 GG Teilbereiche der Versorgung und der Fürsorge gesondert aufführt[4].

Das Grundgesetz stellt nicht auf das Ziel der „sozialen Sicherheit", sondern auf den spezifischen Modus der Zielerreichung ab. Dieser Modus umfaßt sowohl die Formen der „klassischen" Sozialversicherung als auch neuartige Sozialleistungen, soweit diese „in ihren wesentlichen Strukturelementen, insbesondere in der organisatorischen Bewältigung ihrer Durchführung, dem Bild entsprechen, das durch die (klassische) Sozialversicherung geprägt ist"[5].

Das Bundesverfassungsgericht definiert nicht die Kompetenzmaterie „Sozialversicherung", sondern es beschreibt sie. Es addiert nicht abstrakte Begriffsmerkmale, sondern es stellt auf das „Bild der moder-

---

[1] Zutreffend: *Nipperdey - Säcker*, Zur verfassungsrechtlichen Problematik von Finanzausgleich und Gemeinlast in der Sozialversicherung, 1969, S. 14 f.; Werner *Weber*, Festschrift für Möller, 1972, S. 509.

[2] *BVerfGE* 11, 105 (111 f.).

[3] *BVerfGE* 11, 105 (112—114).

[4] Die Versorgung wird angesprochen in Art. 74/10 (Kriegsopferversorgung) und in Art. 75 I 1, II 1 (Beamtenversorgung). Bereiche der Fürsorge werden erfaßt in Art. 74/7 („die öffentliche Fürsorge"), in Art. 74/10 (Fürsorge für die ehemaligen Kriegsgefangenen) und in Art. 74/13 (Ausbildungsbeihilfen). Zur Tendenz des Gesetzgebers, die Typusunterschiede im Recht der sozialen Sicherheit (damit die Kompetenzgrenzen) zu verwischen: *Wannagat*, Lehrbuch des Sozialversicherungsrechts I, 1965, S. 224.

[5] *BVerfGE* 11, 105 (112).

III. Die „Sozialversicherungs"-Zuständigkeit (Art. 74/12 GG)

nen Sozialversicherung"[6] ab. Die „Sozialversicherung" ist — wie alle Begriffe des Kompetenzkatalogs — kein definierbarer Klassen- oder Allgemeinbegriff, der durch die Reihung eines Minimums an bestimmten Merkmalen gebildet wird, sondern ein Typus- oder Ordnungsbegriff, in dem sich eine unabgeschlossene Fülle von Merkmalen zu einer Struktur ordnet und anschaulich wird[7]. Der Typus „Sozialversicherung" wird durch einen festen (Wesens-)Kern konstituiert — einen Grundbestand von Prinzipien, welche die Identität der Kompetenzmaterie ausmachen[8]. Die Grenzen sind relativ fließend. Er läßt eine Vielzahl von Übergängen zu. Die kompetenzrechtliche Qualifikation fordert daher nicht die Subsumtion unter einen verfassungsrechtlich definierten Klassenbegriff „Sozialversicherung", sondern die Zuordnung zum verfassungsrechtlich intendierten Typus „Sozialversicherung" aufgrund eines Strukturvergleichs.

Die Struktur der Kompetenzmaterie „Sozialversicherung" ergibt sich aus einer coincidentia oppositorum: von Versicherungsprinzip und staatlicher Fürsorge[9], von Selbsthilfe und Organisationszwang, von versicherungsmäßigem Risikoausgleich und sozialem Lastenausgleich[10]. Das Bundesverfassungsgericht hebt in (nicht abschließender) Aufzählung als „Strukturelemente" hervor: das soziale Bedürfnis nach Ausgleich besonderer Lasten, die organisatorische Bewältigung der Aufgabe durch selbständige Anstalten und Körperschaften des öffentlichen Rechts, die Finanzierung durch Beiträge der „Beteiligten" (= herkömmlich der Versicherten und der Arbeitgeber)[11].

---

[6] Zitat: BVerfGE 11, 105 (113).

[7] BVerfGE 11, 105 (112) bezeichnet den Kompetenzbegriff „Sozialversicherung" als „verfassungsrechtlichen Gattungsbegriff". — Methodologisches Schrifttum über den Typusbegriff in der Jurisprudenz: *Radbruch*, Revue Internationale de la théorie du droit, XII (1938), 46—54; H. J. *Wolff*, Studium Generale 5 (1952), 195—205; *Engisch*, Die Idee der Konkretisierung, 1968², S. 237—294; *Larenz*, Festgabe für Glockner, 1966, S. 149—164; ders., Methodenlehre der Rechtswissenschaft, 1969², S. 423—450; *Zippelius*, Festschrift für Engisch, 1969, S. 224—242; *Strache*, Das Denken in Standards, 1968, bes. S. 19—66; *Leenen*, Typus und Rechtsfindung, 1971 (weit. Nachw.).

[8] So stellt BVerfGE 23, 12 (23) bei der kompetenzrechtlichen Qualifikation einer unfallversicherungsrechtlichen Regelung darauf ab, ob die „wesentlichen Strukturelemente" der herkömmlichen Unfallversicherung gewahrt bleiben.

[9] Wenn das BVerfG von der „staatlichen Fürsorge" spricht, die von jeher in der Sozialversicherung enthalten sei (vgl. E 9, 124 [133]; 10, 141 [166]; 11, 105 [114]; 21, 362 [378]; 25, 314 [323]; 28, 324 [348 f.]) so meint es nicht die „Fürsorge" als sozialrechtlichen Typus, der sich von der „Versorgung" unterscheidet (s. o. B I 3), sondern einen untechnischen Gegenbegriff zur „Versicherung".

[10] Vgl. BVerfGE 11, 105 (114); 11, 221 (226 f.); 14, 312 (317); 17, 1 (9); 28, 324 (348 f.).

[11] BVerfGE 11, 105 (113). Näher zur Kompetenz „Sozialversicherung": *Nipperdey - Säcker* (N 1), S. 13—23 (Nachw.).

D. Die bundesstaatliche Kompetenz für die Sozialversicherung

Die finanzverfassungsrechtliche Fragestellung verlangt keine umfassende Strukturanalyse. Entscheidend ist, daß die Sozialversicherung als Typus in gleicher Weise ein System des Gebens wie des Nehmens bildet. Die Organisationen sind zugleich Leistungsträger und intermediäre Finanzgewalten. Die „Sozialversicherungs"-Kompetenz ermächtigt dazu, „Beiträge in dem besonderen Sinne des Sozialversicherungsrechts" zu erheben[12]. Die kompetenztypische Besonderheit der Beiträge erschließt sich aus dem Spannungsverhältnis von versicherungsmäßiger Individualäquivalenz und Solidarität.

2. Sozialversicherung ohne Solidarausgleich

Welche Bedeutung der Solidarausgleich innerhalb der verfassungsvorgegebenen Kompetenzstruktur der Sozialversicherung hat, sei vorerst ex negativo untersucht. Es sollen Finanzierungsformen, die vom Solidarausgleich ganz oder weitgehend absehen, darauf geprüft werden, ob sie sich dem Zuständigkeitstypus zuordnen lassen. Es kommen in Betracht:

a) der Zuschuß des Staates als Ersatz oder als Ergänzung beitragsmäßiger Umverteilung,

b) die vollständige Kostendeckung aus allgemeinen Finanzmitteln des Staates,

c) die einseitige Beitragsbemessung nach dem versicherungsmäßigen Äquivalenzprinzip.

a) Staatszuschuß

In bestimmtem Umfang steht es dem Gesetzgeber frei, ob er die „soziale" Hypothek, mit der die Versichertengemeinschaft belastet ist, durch solidarische Beitrags-Mehrbelastung bestimmter Kategorien der Versicherten oder durch Zuschüsse des Staates aus seinen allgemeinen Haushaltsmitteln tilgen will[1]. Der Staatszuschuß, der den Solidarausgleich ergänzt oder ersetzt, gehört zum traditionellen Bild der Sozial-

---

[12] *BVerfGE* 14, 312 (318).

[1] Die Feststellung, daß dem Gesetzgeber kompetenzrechtlich Wahlfreiheit zukommt, läßt offen, ob andere Verfassungsnormen dieses Ermessen einengen oder aufheben, ob etwa das rechtsstaatliche Subsidiaritätsprinzip den Vorrang des Solidarausgleichs vor der Staatssubvention begründet. — Das *BVerfG* hält es kompetenzrechtlich für „selbstverständlich", daß der Gesetzgeber der Bergbau-Berufsgenossenschaft mit unmittelbaren Zuwendungen helfen könne, statt die Solidarität der übrigen Berufsgenossenschaften im Wege einer Gemeinlast zu bemühen (E 23, 12 [23 f.]). Das Gericht hält es aus der Sicht des Art. 2 I GG für unbedenklich, wenn der Gesetzgeber einen Einnahmeausfall der Krankenkassen, der aus der Beitragsprivilegierung einer Gruppe entsteht, „sei es aus Steuermitteln, sei es aus den Beiträgen der übrigen Versicherten" ausgleicht (E 13, 21 [29]). Vgl. auch *BVerfGE* 17, 1 (9); 25, 314 (323).

III. Die „Sozialversicherungs"-Zuständigkeit (Art. 74/12 GG)

versicherung[2]. Das Grundgesetz hat die „Zuschüsse zu den Lasten der Sozialversicherung" ausdrücklich dem Bund zugewiesen (Art. 120 I 4 GG)[3] und damit klargestellt, daß es sich um ein kompetenzgemäßes Finanzierungsmittel handelt.

b) Vollfinanzierung durch den Staat

Das Bild ändert sich, wenn sich der Staat nicht auf Zuschüsse zu den Versicherungsaufwendungen beschränkt, sondern die gesamten Kosten bestreitet und von der Teilsubventionierung zur Vollfinanzierung übergeht. Der „Zuschuß" ist vom Begriff her Ergänzung einer vorauszusetzenden Eigenleistung. Der Staatszuschuß nimmt damit der Sozialversicherung nicht den Charakter der versicherungsmäßigen Selbsthilfe, solange sie ihren Finanzbedarf in erster Linie aus eigenen Beitragsaufkommen deckt.

Dieses „Versicherungs"-Element geht bei staatlicher Vollfinanzierung verloren. Von „Sozialversicherung" im kompetenzrechtlichen Sinne kann nun nicht mehr die Rede sein. Offen bleibt die Zuordnung zu anderen (kompetenzrechtlich relevanten) Typen der sozialen Sicherung, wie der „Versorgung" oder „Fürsorge".

Der Zusammenhang mit der „Sozialversicherung" wird auch nicht dadurch hergestellt, daß der Staat die von ihm finanzierten Leistungen über das Medium der sozialversicherungsrechtlichen Selbstverwaltungsträger leitet. Diese organisatorische Abwicklung allein genügt nicht, um eine Regelung auf die „Sozialversicherungs"-Kompetenz zu stützen[1]. Andernfalls wäre es ein Leichtes für den Bundesgesetzgeber, die umfassende Regelungskompetenz für die soziale Sicherheit durch organisationsrechtliche Manipulationen an sich zu ziehen.

Aus diesem Grunde deckt die „Sozialversicherungs"-Kompetenz nicht die Tatbestände der Unfallversicherung, die ausschließlich aus öffentlichen Mitteln getragen werden, wie die „Unfallversicherung" der im öffentlichen Interesse tätigen Personen (Helfern in gemeiner Not und Gefahr, Blutspendern etc. nach § 539 I 9, 10 RVO) oder der Kindergartenbesucher, Schüler und Studenten (§ 539 I 14 RVO). Der Gesetzgeber hat zwar die Leistungsgewährung formal in das herkömmliche System der Unfallversicherung eingefügt, aber er sieht gänzlich davon ab, die Ver-

---

[2] Überblick: Sozialenquête, S. 92—95 (Nr. 241—247); s. auch *Bogs*, Grundfragen des Rechts der sozialen Sicherheit und seiner Reform, 1955, S. 27 f., 53—56; *Henle*, Die Ordnung der Finanzen in der Bundesrepublik Deutschland, 1964, S. 202; *Wannagat*, Lehrbuch des Sozialversicherungsrechts I, 1965, S. 151—153, 155 f. und passim.

[3] Zu Art. 120 I GG : BVerfGE 14, 221 (233—237).

[1] BVerfGE 11, 105 (113) hält die enge Anlehnung an einen Träger der „klassischen" Sozialversicherung zwar „bedeutsam" für die kompetenzmäßige Zuordnung, nicht aber für ausschlaggebend.

D. Die bundesstaatliche Kompetenz für die Sozialversicherung

sicherten oder sonstige Beteiligte zur Finanzierung heranzuziehen[2]. Damit fehlen gänzlich die Elemente der individuellen und solidarischen Eigenvorsorge, ohne die eine Zuordnung zum Typus „Sozialversicherung" nicht möglich ist. In der sozialversicherungsrechtlichen Verkleidung stecken Aufopferungs- bzw. Versorgungstatbestände, für die jedenfalls Art. 74/12 GG keine Kompetenzgrundlage bietet[3]. Es handelt sich bei den genannten „Unfallversicherungs"-Regelungen um kompetenzrechtliche Maskenspiele, wie sie in der Rechtswirklichkeit nicht selten veranstaltet werden.

c) Beitragsbemessung ausschließlich nach dem Äquivalenzprinzip

Die gegensätzliche Lösung zu einer staatlichen Vollfinanzierung wäre die vollständige Beitragsfinanzierung, die sich ausschließlich am versicherungstechnischen Äquivalenzprinzip ausrichtete und auf jedweden Umverteilungseffekt verzichtete. Einem solchen Finanzierungsmodell fehlte die „soziale" Komponente. Eine Sozialversicherung ohne „soziales" Element unterschiede sich von der Privatversicherung nur noch durch ihre öffentlichrechtliche Organisation und durch den Zwangscharakter der Beiträge, die sich nunmehr als echte Vorzugslast darstellten[1].

Die öffentlichrechtliche Organisation konstituiert noch nicht „Sozialversicherung". Zwar können auch öffentlichrechtliche Zwangsversicherungen außerhalb der Sozialversicherung (etwa Gebäudeversicherungen) Momente staatlicher Fürsorge enthalten[2]. Ohne ein rechtfertigendes öffentliches Interesse dürfte kein Versicherungszwang eingeführt werden[3]. Wenn jedoch die sozialversicherungsspezifische Umschichtung fehlt, kann die „Sozialversicherungs"-Kompetenz nicht eingreifen. Auf der anderen Seite wird aber die öffentlichrechtliche Versicherung schon durch ihre Rechtsform von der privatrechtlichen geschieden, so daß die Bundeskompetenz für „privatrechtliches Versicherungswesen" (Art. 74/11 GG) ebenfalls entfallen muß[4]. Die Gesetzgebungshoheit steht daher ausschließlich den Ländern zu.

---

[2] Die Finanzlast für die genannten Gruppen der Unfallversicherten liegt bei den Ländern nach § 655 II 3—6 RVO.

[3] So zu § 539 I 14 RVO: Werner *Weber*, Festgabe für Möller, 1972, S. 508 f.; *Schnapp*, in: Das neue Sozialgesetzbuch, 1972, S. 162. Zu § 539 I 9, 10 RVO: Werner *Weber*, a.a.O., S. 504—507; a. A. *Schnapp*, a.a.O., S. 158—162.

[1] s. o. II 1 a.

[2] s. BVerfGE 10, 141 (164, 166) — zur Badischen Gebäudeversicherungsanstalt. Vgl. auch *Selmer*, Steuerinterventionismus und Verfassungsrecht, 1972, S. 191.

[3] Diskussion der öffentlichen Interessen als Rechtfertigungsgründe für Monopole öffentlichrechtlicher Sachversicherungen: *Obermayer - Steiner*, NJW 1969, 1462.

[4] Zutreffend BVerfGE 10, 141 (162 f.); *Maunz - (Dürig) - (Herzog)*, Grundgesetz, Stand 1971, Art. 74/Rdnr. 71.

III. Die „Sozialversicherungs"-Zuständigkeit (Art. 74/12 GG)

3. Der typusgerechte Solidarausgleich

Als Zwischenergebnis läßt sich feststellen, daß die Kompetenzstruktur der Sozialversicherung wesentlich vom Solidarausgleich bestimmt wird[1], und daß er allein durch den Staatszuschuß (soweit er nicht in staatliche Vollfinanzierung übergeht) ersetzt werden kann.

Während aber der Weg des Staatszuschusses kompetenzrechtlich unbeschränkt passierbar ist, hängt die Möglichkeit des Solidarausgleichs von qualifizierten Bedingungen ab. Die bloße organisatorische Einbeziehung einer Bevölkerungsgruppe in die Versichertengemeinschaft reicht nicht aus, um ein kompetenzgerechtes „sozialversicherungsrechtliches" Umverteilungssystem zu schaffen. Vollends genügen nicht finanztechnische Bedürfnisse, um eine Gruppe der Gesellschaft über das Medium der Sozialversicherung zum Kostgänger oder Kostgeber einer anderen zu machen.

Der „Sozialversicherungs"-Gesetzgeber kann den Solidarausgleich nur unter solchen Personen aktivieren, unter denen Solidarität bereits angelegt ist — als Vorgegebenheit der Rechtswirklichkeit und der allgemeinen, nicht spezifisch sozialversicherungsrechtlichen Gesetze wie derer des Arbeitsrechts. Die Judikatur des Bundesverfassungsgerichts enthält eine Kasuistik der materiellen Voraussetzungen für die Begründung von Solidarlasten aus der Gruppenhomogenität:

Die deutsche Sozialversicherung sei gekennzeichnet durch die gesetzliche Versicherungspflicht einer Solidargemeinschaft von bestimmten Gruppen der Bevölkerung — Arbeitern und Angestellten (BVerfGE 14, 288). Eine „Versicherungsgemeinschaft zwischen den in Arbeit Stehenden und den Rentnern" bilde die Grundlage für die Krankenversicherung der Rentner. Der Einnahmeausfall, der in der Krankenversicherung durch Beitragsvergünstigungen entstehe, könne aus Beiträgen der übrigen Versicherten wie auch Steuermitteln ausgeglichen werden (BVerfGE 13, 21 [22, 29]). — Die „dem Unfallversicherungswesen eigene Solidarität der Unternehmer" erlaube es dem Gesetzgeber, die wirtschaftliche Stützung eines Gewerbezweigs durch eine Umverteilung innerhalb der Berufsgenossenschaften (Einführung einer Gemeinlast) herbeizuführen (BVerfGE 23, 12 [24]). — Die Heranziehung der Arbeitgeber zur Sozialversicherung zugunsten der Arbeitnehmer wird als „Auswirkung eines Fürsorgeprinzips" angesehen, von dem das moderne Arbeitsrecht geprägt sei. Die Erfüllung der „sozialen Fürsorgepflicht" präge die Sozialversicherung in solchem Maße, daß es nicht „ungewöhnlich" (sc. kompetenzfremd) sei, wenn das Kindergeldgesetz allein den Unternehmern die Beiträge an die Familienausgleichskassen auferlege und sie so ausschließlich mit dem „Risiko" des Kinderreichtums ihrer Arbeitnehmer belaste (BVerfGE 11, 105 [113, 114]). — Zuschußpflichten der gewerblichen Familienausgleichskassen an die landwirtschaftlichen seien (im Blick auf Art. 3 I GG) „noch vertretbar", weil das Gesetz von der „Solidarität der Gesamtwirtschaft, nicht einzelner Berufszweige" ausgehe (BVerfGE 11, 105

---
[1] Vgl. BVerfGE 17, 1 (9): „... Gerade dieser soziale Ausgleich prägt den Charakter der ‚Sozial'versicherung". s. auch *Nipperdey - Säcker*, Zur verfassungsrechtlichen Problematik ..., 1969, S. 17, 27.

[121]). Die Altershilfe der Landwirte sei dem Bereich der Sozialversicherung zuzurechnen, weil sie wie die anderen Zweige der Sozialversicherung einem berufsständisch fest umrissenen Personenkreis einen sozialen Versicherungsschutz gegen bestimmte Lebensrisiken gewähren wolle (BVerfGE 25, 314 [321]). Dagegen sei die Solidargemeinschaft der Sozialversicherungspflichtigen einem unfreiwillig in der DDR festgehaltenen Rentenberechtigten nicht zum Ausgleich verpflichtet, weil für den Unrechtstatbestand, Hinderung der Ausreise aus der DDR, weder die Bundesversicherungsanstalt noch ein anderer Träger der öffentlichen Gewalt in der BRD verantwortlich gemacht werden könnten (BVerfGE 28, 104 [118])[2].

Im Ergebnis spiegelt die kompetenzrechtliche Form des Solidarausgleichs das einfache Gesetzesrecht wider. Die verfassungsrelevante Rechtsfigur des Sozialversicherungsrechts ist eine Abstraktion der traditionswahrenden Regelungen des Unterverfassungsbereichs. Die sozialversicherungs-typische Form des Solidarausgleichs ermöglicht die kompetenzrechtliche Unterscheidung zwischen sozialversicherungsrechtlicher und steuerrechtlicher Umverteilung. Die „wesentlichen Strukturelemente" der Sozialversicherung[3] sichern dem Beitrag die kompetenzrechtliche Distanz zur Steuer. Die Beitragskompetenz, die Art. 74/12 GG einräumt, wird durch die gesicherte Formtypik des Unterverfassungsbereichs inhaltlich geprägt und umfangmäßig begrenzt.

Jenseits dieser Grenze beginnt die Kompetenzzone der Steuer. Die kompetenzrechtliche Bindung des Beitragsgesetzgebers an die „sozialen" und versicherungswirtschaftlichen Prinzipien verhindert, daß sich der Sozialversicherungsbeitrag zum unbegrenzten Umverteilungsmedium auswachsen und die grundgesetzliche Finanzverfassung unterlaufen kann, daß sich eine finanzverfassungsrechtlich unkontrollierbare Nebensteuerordnung in sozialversicherungsrechtlicher Tarnung herausbildet[4].

4. Verstoß gegen die Gruppenhomogenität — der Solidarausgleich als Finanzierungsinstrument für solidarfremde Zwecke

Gesetzliche Regelungen, welche die vorgegebenen Strukturen der Gruppenhomogenität nicht einhalten, können sich nicht auf die Kompetenz „Sozialversicherung" stützen.

---

[2] Die Fremdrenten-Entscheidung (*BVerfGE* 14, 221—244) wird in diesem Zusammenhang nicht aufgeführt, weil die Entscheidung einen atypischen Fall, die Regelung von Kriegsfolgelasten zum Gegenstand hat (s. S. 243). Obwohl dem Gesetzgeber weitgehende Freiheit in der Umverteilung sozialversicherungsrechtlicher Lasten zugesprochen wird (S. 242), wird dargetan, daß den Berufsgenossenschaften kein „nach ihrer Struktur und nach dem System des Unfallversicherungsrechts fremde Last aufgebürdet worden sei" (S. 242), kein Widerstreit zum genossenschaftlichen Prinzip vorliege (S. 243). — Kritik des Urteils: *Rösener* NJW 1962, 1995—98.

[3] *BVerfGE* 23, 12 (23).

[4] Zu dieser Gefahr: *Selmer*, Steuerinterventionismus und Verfassungsrecht, 1972, S. 183, 185—190, 207 f. und passim.

III. Die „Sozialversicherungs"-Zuständigkeit (Art. 74/12 GG)

Die Belastung der bestehenden Kassen mit Ausgleichsleistungen zugunsten der Studenten verläßt damit den Zuständigkeitsbereich des Art. 74/12 GG. Es melden sich bereits verfassungsrechtliche Zweifel daran, ob die Pflichtversicherung eines Personenkreises, der außerhalb des Erwerbslebens steht, nicht an sich schon aus dem Kompetenzrahmen der „Sozialversicherung" herausfällt[1]. Immerhin stellt Art. 74/12 GG die „Sozialversicherung" in den (nicht bloß redaktionellen) Zusammenhang zum „Arbeitsrecht". Jedenfalls bildet die Subventionierung einer solchen Gruppe durch die erwerbstätigen Versicherten eine solidarfremde Aufgabe. Der Umstand, daß diese Gruppe aus sozialstaatlicher Sicht Förderung verdient, macht die Förderung noch nicht zu einer *sozialversicherungs*gemäßen Aufgabe. Das gilt auch dann, wenn die heterogene Gruppe formell in das sozialversicherungsrechtliche Selbstverwaltungssystem eingezogen werden sollte[2]. Die soziale Selbstverwaltung setzt einen Kreis legitim „eigener" Aufgaben voraus[3]. Sie baut auf Gruppenhomogenität auf; sie kann sie nicht erst ins Leben rufen. Die Ausweitung der Selbstverwaltung auf einen heterogenen Personenkreis ist selbst Formenmißbrauch und kann daher den Vorwurf des Formenmißbrauchs gegen die Zweckentfremdung des Solidarausgleichs nicht entkräften. Formenmißbrauch führt nicht zur Kompetenzerweiterung[4].

5. Aufhebung der Gruppensolidarität — Einführung der Volksversicherung

Die Unterscheidung zwischen Eigenlasten und Fremdlasten der Sozialversicherung würde gegenstandslos, wenn sich die Versicherung nicht mehr auf bestimmte Bevölkerungsgruppen beschränkte, sondern sich zur Volksversicherung ausweitete, wie sie die Verfassung des

---

[1] Vgl. Werner *Weber*, Festgabe für Möller, 1972, S. 504, 508.

[2] Vgl. Werner *Weber*, Deutsche Rentenversicherung 1963, 153: Die Konsequenz, daß bei Abbürdung einer staatlichen Last auf eine Korporation die Last den Charakter einer Ausnahmebesteuerung annehme, lasse sich nicht dadurch umgehen, „daß der Gesetzgeber die belastete Körperschaft von hoher Hand umdefiniert, dahin nämlich, daß er ihr die bis dahin fremde Last als neue Aufgabe zuweist und sie als zum Verantwortungsbereich der Körperschaft gehörig deklariert".

[3] Zur Beschränkung jeder unterstaatlichen Verbandsgewalt in sachlicher Beziehung auf ihre eigenen Angelegenheiten und in persönlicher Beziehung auf ihre (legitim zugeordneten) Mitglieder: BVerfG Urt. v. 18. 7. 1972, NJW 1972, 1561 (1568); BVerfGE 32, 308 (310 f.); Hans *Schneider*, Festschrift für Möhring, 1965, S. 530, 533; *Mußgnug*, Festschrift für Forsthoff, 1972, S. 299. — Zur Begründung materialer Selbstverwaltung aus „eigenen" Angelegenheiten: *Huber*, Wirtschaftsverwaltungsrecht I, 1953², S. 110, 115; *Becker*, in: Bettermann - Nipperdey - Scheuner (Hrsg.), Die Grundrechte IV/2, 1962, S. 696; *Vorbrugg*, Unabhängige Organe der Bundesverwaltung, Diss. München 1965, S. 70, 73—76 (Nachw.).

[4] Grundlegend zur Dogmatik des Formenmißbrauchs: *Pestalozza*, Formenmißbrauch des Staates, 1973, insbes. S. 123 ff.

Landes Hessen (Art. 35 I 1) postuliert. Wenn die Versicherung auf den Solidarzusammenhang der Gesamtgesellschaft aufbaute, verlören innergesellschaftliche Differenzierungen wie die zwischen freien und abhängigen Berufen, Erwerbstätigen und Nicht-Erwerbstätigen ihre Grundlage. Die Gruppensolidarität ginge in der Solidarität des Staatsverbandes auf. Das parafiskalische Umverteilungssystem der Sozialversicherung fiele mit dem fiskalischen des Sozialstaates zusammen. Nunmehr schwände aber auch der kompetenzrechtliche Unterschied des Sozialversicherungsbeitrags zur Steuer[1]. Das Finanzierungsmittel für die soziale Sicherung aller Mitglieder der staatlichen Gemeinschaft kann nur die Steuer sein. Die Ermächtigung zur Abgabenerhebung und zur Sozialgestaltung, die in der „Sozialversicherungs"-Kompetenz liegt, beschränkt sich auf den Rahmen der Gruppensolidarität[2]. Würde dieser Rahmen gesprengt, so ginge die sozialversicherungsrechtliche Finanzgewalt in die Kompetenzzone der Steuer über und müßte sich an den Kompetenzvoraussetzungen der Art. 105 ff. GG messen lassen.

IV. Auffangkompetenzen für solidarfremde Umverteilungsmaßnahmen außerhalb der Finanzverfassung

Wenn der Gesetzgeber eine sozialversicherungsrechtliche Umverteilung anstrebt, aber die Kompetenzstruktur der „Sozialversicherung" verfehlt, bietet ihm das Grundgesetz keine Auffangkompetenz, über die eine Kollision mit den finanzverfassungsrechtlichen Regelungen vermieden werden könnte. Als Beispiel diene wiederum die Teilsubventionierung der studentischen Krankenversicherung aus Beitragsmitteln der Kassenmitglieder.

1. Die „öffentliche Fürsorge" (Art. 74/7 GG)

Auf die Zuständigkeit „öffentlicher Fürsorge" (Art. 74/7 GG) läßt sich keine abgabenrechtliche Umverteilungsmaßnahme stützen. Die „öffentliche Fürsorge"[1] bezieht sich nur auf die Vergabe von Leistungen. Sie setzt voraus, daß dafür allgemeine Etatmittel bereitstehen. Sie selber erschließt keine Finanzierungsquelle und ermächtigt nicht zur Erhebung von Abgaben. Im Unterschied zur „Sozialversicherung" bildet die

---

[1] s. o. II 1, c ff.

[2] Die Kompetenzgrenze des Art. 74/12 GG in der Gruppensolidarität wird von *Wannagat* übersehen, der die Einführung der Volksversicherung für zulässig hält (Lehrbuch des Sozialversicherungsrechts I, 1965, S. 223).

[1] Nachw. zum Wesen der „Fürsorge" im Unterschied zur „Sozialversicherung" s. B I N 15. Zum Inhalt der „Fürsorge"-Kompetenz: BVerfGE 22, 180 (203, 212 f.); *Lerche*, Verfassungsfragen um Sozialhilfe und Jugendwohlfahrt, 1963, S. 11—16.

IV. Auffangkompetenzen außerhalb der Finanzverfassung

„öffentliche Fürsorge" nur eine Technik des Gebens, nicht auch des Nehmens — mithin keine Grundlage der Umverteilung von Lasten.

Die Feststellungen gälten entsprechend, wenn man das Reformkonzept der studentischen Krankenversicherung als „Regelung der Ausbildungsbeihilfen" (Art. 74/13 GG) betrachten wollte. Denn diese Kompetenz ist lediglich ein (entbehrlicher) Untertatbestand der „öffentlichen Fürsorge"[2].

2. Die „allgemeinen Grundsätze des Hochschulwesens" (Art. 75 I 1 a GG)

Die Rahmenkompetenz für die „allgemeinen Grundsätze des Hochschulwesens" (Art. 75 I 1 a GG) fällt ebenfalls als Grundlage für ein abgabenrechtliches Umverteilungssystem zugunsten der Studenten aus — schon deshalb, weil die Umverteilung über den Hochschulbereich hinausgreifen, hochschulfremde Personenkreise mit dem Förderungsaufwand belasten und zu einer Strukturveränderung der hochschulfremden Kassenorganisation führen müßte.

Die Rahmenkompetenz im Hochschulrecht bleibt ohnehin für solche Gesetzesmaterien bedeutungslos, die der Bund den Ländern bereits kraft einer Vollkompetenz entzogen hat[1]. Dem Bund wird über Art. 75 I 1 a GG nur eine subsidiäre Koordinationsmacht gegenüber den Ländern, den primären Trägern der Kulturhoheit, eingeräumt. Die Bundeszuständigkeit greift nur dort ein, wo die Länder in eigener Regelungsgewalt zu vorrangiger Entscheidung (auch im Wege föderaler Einigung und wechselseitiger Abstimmung der Lösungen) berufen sind[2]. Diese Voraussetzung trifft für den Bereich der Gesetzlichen Krankenversicherung nicht zu, weil die Länder in ihre bundesrechtlich vorgegebene Finanz- und Mitgliederstruktur nicht mehr aus eigener Kompetenz eingreifen können.

3. Das „Recht der Wirtschaft" (Art. 74/11 GG)

Das Bundesverfassungsgericht behandelt „das Recht der Wirtschaft" (Art. 74/11 GG) als Auffangkompetenz für die Umverteilung von Rentenlasten zwischen Berufsgenossenschaften, falls die Regelung aus dem Rahmen der „Sozialversicherungs"-Zuständigkeit fallen sollte[1].

a) Für eine Umverteilung zugunsten der studentischen Krankenversicherung scheidet diese Möglichkeit von vornehrein aus, weil die Studenten als Ausgleichs-Begünstigte außerhalb des wirtschaftlichen Produktionsbereichs stehen. Sie entfällt aber auch im Blick auf den

---

[2] Vgl. *Maunz - (Dürig) - (Herzog)*, Grundgesetz, Stand 1971, Art. 74/Rdnr. 84.
[1] Ähnlich *Kuhn* (DVBl. 1969, 730) über das Verhältnis des Art. 75 I 1 a GG zu Art. 74/12 und Art. 74/13 GG.
[2] *Kuhn* bestimmt den Gegenstand „Hochschulwesen" nach der Koordinationsbedürftigkeit des Bereiches (DVBl., 1969, 728).
[1] BVerfGE 23, 12 (22 f.). Dazu kritisch: *Selmer*, Steuerinterventionismus und Grundgesetz, 1972, S. 189 Anm. 25.

D. Die bundesstaatliche Kompetenz für die Sozialversicherung

Kreis der Ausgleichs-Belasteten: Die Mitglieder der Kassen, die mit ihren Beitragsleistungen den Förderungsaufwand erbringen, werden weder in ihrer „wirtschaftlichen Betätigung als solcher"[2] noch als Glieder der Volkswirtschaft betroffen, wie es etwa bei Berufsordnungen oder bei Maßnahmen der Konjunktursteuerung[3] der Fall wäre. Betroffen werden die Ausgleichs-Begünstigten in ihrer spezifischen Rolle als beitragspflichtige Mitglieder der Kassen bzw. als versicherungspflichtige Arbeitnehmer. Regelungen mit derartiger Wirkung fallen ausschließlich in die Kompetenzzone des Art. 74/12 GG („Sozialversicherung" bzw. „Arbeitsrecht"). Daß sich mittelbare Auswirkungen auf verschiedene Bereiche des Wirtschaftslebens ergeben könnten[4], begründet noch nicht die Kompetenz aus Art. 74/11 GG — es sei denn, man wertet diese als Universalgesetzgebungszuständigkeit des Bundes, die alle im einzelnen aufgeführten Zuständigkeiten entbehrlich macht, weil kein Gesetz denkbar ist, das nicht zumindest mittelbare ökonomische Folgen auslöst[5].

b) Im übrigen erhebt sich ein grundsätzlicher Einwand gegen die Eignung des Art. 74/11 GG zur Auffangkompetenz: Das „Recht der Wirtschaft" umfaßt nicht Formen abgabenrechtlicher Umverteilung und tritt nicht in Konkurrenz zu den Besteuerungszuständigkeiten[6]. Freilich neigt die Rechtspraxis allzu leicht dazu, wirtschaftslenkende Abgaben unter dem großzügig aufgeweiteten Mantel der „Wirtschafts"-Kompetenz vor dem Zugriff der Finanzverfassung zu verstecken. Die Rettungsversuche stellen häufig auf die mangelnde Steuerhoheit des jeweiligen Fonds oder auf die haushaltsmäßige Behandlung der Einnahmen ab, obwohl es auf beide Gesichtspunkte für die Frage „Steuer oder Nichtsteuer" nicht ankommt. Im Ergebnis erweisen sich die meisten der Sonderabgaben entweder als Vorzugs- und Verbandslasten oder als (Zweck-)Steuern[7].

Wenn der Sozialversicherungsbeitrag in den Dienst solidarfremder Zwecke gestellt wird, nützt keine kompetenzrechtliche Mohrenwäsche. Die Überschreitung der „Sozialversicherungs"-Zuständigkeit führt in den Zuständigkeitskreis der Steuer.

---

[2] Vgl. Kompetenzumschreibungen in BVerfGE 8, 143 (148 f.); 28, 119 (146).
[3] Vgl. BVerfGE 29, 402 (409) — zum Konjunkturzuschlag.
[4] Davon scheint BVerfGE 23, 12 (23) auszugehen, wenn bei der Alternativentscheidung für die Kompetenzen aus Art. 74/11 und Art. 74/12 GG die „Auswirkung unfallversicherungsrechtlicher Maßnahmen auf die wirtschaftliche Lage eines Gewerbezweiges" hervorgehoben wird.
[5] In diesem Sinne *Leisner*, Werbefernsehen und öffentliches Recht, 1967, S. 237; *Hamann - Lenz*, GG, 1970³, Art. 74 B 18.
[6] Dazu *Selmer* (N 1), S. 189 Anm. 25, S. 194—208.
[7] Vgl. die Analyse *Selmers* (N 1), S. 200—208.

V. Kompetenz-Substitution für eine Sozialversicherungs-Steuer durch die Finanzverfassung

a) Mit der Mutation des typuswidrigen Sozialversicherungsbeitrags zur Steuer, öffnet sich nicht ohne weiteres die Möglichkeit, ihm nunmehr die Gesetzgebungszuständigkeit für die Steuer (Art. 105 GG) unterzuschieben. Gegen eine derartige Kompetenz-Substitution spricht, daß das betreffende Finanzgesetz eine sozialversicherungsrechtliche und keine steuerrechtliche Regelung angestrebt hat. Die kompetenzrechtliche Qualifikation hat den Zweck des Gesetzes zugrundezulegen, das es sich selber gewählt hat[1]. Wer sich über dieses Bedenken hinwegsetzt oder es ausräumen kann, muß wenigstens die Umqualifikation einer Norm an analoge Bedingungen knüpfen, wie sie § 140 BGB für die Konversion eines Rechtsgeschäftes aufstellt: Die kompetenzüberschreitende Regelung muß den Erfordernissen der Substitutions-Kompetenz entsprechen.

b) Eine „Sozialversicherungs-Zwecksteuer" scheitert aber an den Erfordernissen der Steuerkompetenzordnung schon deshalb, weil den Versicherungsträgern keine Steuerhoheit zukommt. Das Grundgesetz behält die Steuerhoheit in allen ihren Erscheinungen als Gesetzgebungs-, Ertrags- und Verwaltungshoheit den staatlichen und kommunalen Gebietskörperschaften vor (Art. 105, 106, 108 GG). Darüber hinaus sichert die Verfassung nur den Religionsgesellschaften des öffentlichen Rechts die Partizipation an der staatlichen Besteuerungsgewalt zu (Art. 137 VI WRV mit Art. 140 GG). Der Kreis der Träger der Steuerhoheit kann nicht erweitert werden, auch nicht durch Delegation oder Beleihung[2]. Die Bildung neuer Steuergewalten ist ausgeschlossen. Die Exklusivität der Steuerhoheit gewährleistet die Einheit und die Transparenz der bundesstaatlichen Finanzverfassung.

Öffentlichrechtliche Organisationseinheiten wie die gesetzlichen Krankenkassen, die keine Gebietskörperschaften sind, können nur außersteuerliche Abgaben erheben. Falls diese Abgaben über ihre formtypischen Grenzen hinauswuchern, droht die Entstehung „einer zweiten apokryphen Steuerverfassung"[3].

So bildet sich im Arbeitnehmerbeitrag, der seine Bindung an Äquivalenz- und Solidaritätsgrenzen aufgibt, eine Konkurrenzabgabe zur Einkommen-(Lohn-)Steuer, mit der er seinem gesetzlichen Tatbestand und in seiner wirtschaftlichen Wirkung übereinstimmt[4]. Der Ertrag der

---

[1] Zur Bedeutung der „Funktion" einer Norm, insbesondere Zweck und Wirkung für die kompetenzrechtliche Qualifikation: *Pestalozza*, DÖV 1972, 183.

[2] Vgl. *Kruse*, Steuerrecht I, 1973³, S. 55—57; *Mußgnug*, Festschrift für Forsthoff, 1972, S. 273; *Scheuner*, Gedächtnisschrift für Peters, 1967, S. 815.

[3] Zitat: *Selmer*, Steuerinterventionismus und Grundgesetz, 1972, S. 183.

apokryphen Einkommensteuer fließt außerhalb der Kanäle, die das Grundgesetz in Art. 106 III, V der echten Einkommensteuer gezogen hat, und entzieht sich damit dem (vertikalen) Finanzausgleich zwischen Bund und Ländern, dem nur Steuern im förmlichen Sinn unterliegen[5]. Wenn die intermediären Finanzgewalten wie die Sozialversicherungsträger a conto ihrer Beitragszuständigkeit materielle Steuerhoheit an sich ziehen dürften, könnten sie die föderale Machtbalance und das föderale Kontrollsystem in ihrem empfindlichsten Bereiche stören.

c) An der Exklusivität der Steuerhoheit, die der grundgesetzlichen Finanzverfassung zugrundeliegt, müßte auch die Einführung einer Volksversicherung scheitern. Das Finanzierungsmittel einer solchen Versicherung wäre notwendig die Steuer[6]. Den Versicherungsträgern aber fehlten sowohl die Ertrags- als auch die Verwaltungshoheit[7].

d) *Fazit:* Eine Beitragsgestaltung, welche die Sozialversicherungskompetenz verfehlt, wird durch die Steuerkompetenzen nicht aufgefangen.

---

[4] Soweit die Steuermetamorphose von Sozialversicherungsbeiträgen völlig neuartige Steuern hervorbrächte, die sich nicht in den Rahmen des Art. 106 GG einfügten, läge eine zusätzliche Inkongruenz zur Finanzverfassung vor. Denn der Katalog des Art. 106 GG ist abschließend, die Kreation sonstiger Steuern unzulässig. Zur verfassungsrechtlichen Festschreibung des Steuersystems: *Wacke,* Das Finanzwesen der Bundesrepublik, 1950, S. 62—67; *Vogel - Walter,* Bonner Kommentar, 1971, Art. 105/Rdnr. 63—67; Klaus *Vogel,* Finanzverfassung und politisches Ermessen, 1972, S. 9—19; *Starck,* Festschrift für Wacke, 1972, S. 194.
[5] Dazu *Mußgnug* (N 2), S. 297 f., 299, 300 f.
[6] s. o. II 1 c und III 5.
[7] Dieses kompetenzrechtliche Argument gilt nicht für eine umfassende Staatsbürgerversorgung, die aus allgemeinen Haushaltsmitteln gespeist wird.

E. Demokratische Aspekte einer Sozialversicherungs-Steuer

In dem Maße, in dem der Sozialversicherung materielle Besteuerungsgewalt zuwächst, gerät sie auch in Widerstreit mit den demokratischen Komponenten der Finanzverfassung.

1. Der Gesetzgeber entäußert sich unveräußerlicher Prärogativen, wenn er den Selbstverwaltungsorganen der Gesetzlichen Krankenversicherung die Aufgabe zuweist, durch autonome Beitragsgestaltung die oktroyierte Fremdlast auf den Versicherten abzuwälzen.

a) Die vom Staat abgeleitete, gesetzlich verliehene Beitragsautonomie der Sozialversicherungsträger ist mit dem Vorbehalt des demokratischen Gesetzes vereinbar, solange sich ihre Ausübung in den gesetzlich vorgezeichneten Bahnen hält[1]. Die Autonomie ist notwendig auf *„eigene" Angelegenheiten* des jeweiligen zweckverbundenen Personenkreises bezogen, der zur Selbstverwaltung zusammengeschlossen ist[2]. Die Autonomie der Kassen legitimiert sich aus der versicherungswirtschaftlichen Risiko- und aus der solidarischen Lastengemeinschaft ihrer Mitglieder. Die Regulierung von Fremdlasten aber fällt nicht darunter. Sie ist Fremdverwaltung, die nicht durch gesetzgeberische Manipulation — durch Zusammenschluß heterogener Personengruppen — zur Eigenverwaltung gemacht werden kann. Der demokratische Gesetzesstaat duldet nicht die mißbräuchliche Bildung und Ausdehnung unterstaatlicher Umverteilungssysteme[3].

b) Die Abgabenautonomie parafiskalischer Verwaltungseinheiten endet unabweisbar an der Grenze zur Steuer. Selbst der Gesetzgeber könnte die Autonomie nicht über diese Grenze hinausschieben, weil ihm der *Vorbehalt des förmlichen Gesetzes* entgegenstünde. Die Möglichkeit, im Rahmen des Art. 80 GG Gesetzgebungshoheit (des Bundes) auf die Exekutive zu delegieren, kann den Sozialversicherungsträgern schon deshalb nicht zugute kommen, weil sie nicht dem exklusiven Kreis der

---

[1] Grundsätzlich zum Verhältnis der Autonomie zum Vorbehalt des Gesetzes: *Brandstetter*, Der Erlaß von Berufsordnungen durch die Kammern der freien Berufe, 1970, bes. S. 54—75.
[2] Nachw. s. o. D III 4 N 3.
[3] Zu Recht fordert *Zacher* die Rechtfertigung eines mit Selbstverwaltung versehenen Umverteilungssystems gegenüber der „allgemeinen Demokratie": DÖV 1970, 10.

möglichen Delegationsempfänger (Art. 80 I 1 GG) angehören. Allenfalls käme Subdelegation (Art. 80 I 4 GG) in Betracht.

Doch muß jegliche Gesetzeshoheit der Exekutive im Bereich des Steuerschuldrechts schlechthin für den ausscheiden, der dem Gebot der *Tatbestandsmäßigkeit der Besteuerung* Verfassungsrang zuerkennt[4]. Die Tatbestandsmäßigkeit verschärft den demokratischen Vorbehalt des Gesetzes zu seiner letzten Konsequenz und schaltet sogar die von Art. 80 GG domestizierte Verordnungsgewalt der Exekutive aus: Die Festlegung der tatbestandlichen Voraussetzungen der Steuerschuld kommt ausschließlich und unveräußerlich den Volksvertretungen in Staat und Gemeinde zu[5]. Der Steuervorbehalt — „nullum vectigal sine lege" — geht damit noch über den Strafvorbehalt — „nulla poena sine lege" — hinaus; denn letzterer läßt jedes Gesetz im materiellen Sinne genügen; wenn es sich nur um ein geschriebenes Gesetz („lex scripta") handelt.

Die Träger der Sozialversicherung sind von der Entscheidung über den Steuertatbestand ausgeschlossen — auch von der Entscheidung über Tatbestandsmerkmale wie die Hebesätze, die beim typusgerechten Beitrag der Regelungsgewalt der Sozialversicherungsträger unterliegen. Das Selbstverwaltungs-Element in der Sozialversicherung ersetzt nicht die demokratische Legitimation durch die Volksvertretung. Die Legislative kann daher den Kassen nicht die Kompetenz zu solidarfremden Umverteilungsmaßnahmen delegieren[6].

2. Die Stellung des Parlaments wird auch dadurch berührt, daß den Trägern der Sozialversicherung mit der Aufbringung der Fremdlast Steuerertrags- und Steuerverwaltungshoheit zufallen und damit Funktionen, die an sich der unmittelbaren Staatsverwaltung zukämen, von der mittelbaren wahrgenommen werden. In dem Umfang, in dem diese

---

[4] Nach BVerfGE 19, 253 (267) ist die Tatbestandsmäßigkeit der „Ausdruck der Rechtsstaatlichkeit im Bereich des Abgabenwesens". *Kruse* betrachtet die Tatbestandsmäßigkeit als Verfassungsgewohnheitsrecht aus demokratischer Tradition (Steuerrecht I, 1973[3], S. 39 f.; s. auch *Tipke - Kruse*, AO, 2.—5. A. 1965/72; § 1 A 13). Es fragt sich aber, ob sich dieses Prinzip nicht aus einer Textanalyse der Art. 105—107 GG erschließen läßt, ob nicht der bundesstaatlichen Verteilung der Steuerhoheit eine der Tatbestandsmäßigkeit entsprechende Vorstellung von demokratischer Legitimation und rechtsstaatlicher Gewaltenteilung zugrundeliegt. — Eine verfassungsrelevante Besonderheit der Tatbestandsmäßigkeit gegenüber dem Vorrang des Gesetzes wird abgelehnt von: *Friauf*, VVDStRL 27 (1969), S. 30 f.; *Vogel - Walter*, Bonner Kommentar (Zweitbearb.), 1971, Art. 105/Rdnr. 133.

[5] Dazu besonders *Kruse* (N 4), S. 40.

[6] „Abgabenrechtliche Umverteilungen sind eine unverzichtbare Prärogative des Steuergesetzgebers, gleichgültig, ob mit ihnen in erster Linie wirtschaftslenkende oder sozialgestaltende Zielsetzungen verfolgt, gleichgültig, ob sie in einem beschränkten oder einem umfassenden Rahmen (Lastenausgleich) verwirklicht werden" (*Selmer*, Steuerinterventionismus und Verfassungsrecht, 1972, S. 202 f.).

E. Demokratische Aspekte einer Sozialversicherungs-Steuer

Funktionen auf „intermediäre Finanzgewalten" übergehen, entgleiten sie der parlamentarischen Lenkung und Kontrolle, weil die Legislative gegenüber der mittelbaren Staatsverwaltung geringere Einwirkungsmöglichkeiten hat als gegenüber der unmittelbaren. Vor allem wird mit der Mediatisierung der Steuerhoheit und der Expansion des „Nebenfiskus" der haushaltsrechtliche Einfluß des Parlaments verkürzt[7].

Die Sozialversicherungsträger sind weitgehend von den haushaltsrechtlichen Ermächtigungs- und Kontrollregelungen der Art. 110—115 GG freigestellt (vgl. § 112 BHO)[8]. Die Einwirkungsmöglichkeiten des Parlaments (wie des Bundesrechnungshofes) sind hier noch erheblich stärker beschnitten als gegenüber den sonstigen Rechtsträgern der mittelbaren Bundesverwaltung.

Es erheben sich bereits bei aufgabengemäßer Beitragsgestaltung Bedenken daran, ob die budgetrechtliche Distanzierung des Sozialfiskus vom Parlament nicht zu weit geht, ob nicht die demokratische Legitimation in Frage gestellt und die Transparenz des staatlichen Finanzgebahrens gefährdet wird[9]. Diese Bedenken greifen jedenfalls dann durch, wenn sich der Sozialfiskus aus seinen Zweckbindungen löst und zur konkurrierenden Steuergewalt entwickelt.

---

[7] Zur haushaltsrechtlichen Stellung der Sozialversicherung als „Nebenfiskus": *Wacke*, Das Finanzwesen der Bundesrepublik, 1950, S. 82. — Nach *Forsthoff* verstößt eine direkte Umverteilung außerhalb des Staatshaushaltes gegen die verfassungsrechtlichen Zwecke des Art. 110 GG, die „Konzentrationswirkung" und Vollständigkeit des Haushaltsplans (BB 1965, 388 f.). Er sieht diesen Verstoß auch gegeben bei sozialversicherungsrechtlichen Umverteilungsmaßnahmen durch Gemeinlast (so ein Rechtsgutachten Forsthoffs, zitiert von BVerfGE 23, 12 [19] und von *Nipperdey - Säcker*, Zur verfassungsrechtlichen Problematik ..., 1969, S. 49—52). Differenzierende Weiterbildung der Meinung Forsthoffs zu den „haushaltsflüchtigen" Abgaben: *Mußgnug*, Festschrift für Forsthoff, 1972, S. 276—287. Ablehnung der Meinung Forsthoffs: *Nipperdey - Säcker*, a.a.O., S. 49—52; *Scheuner*, BArbBl. 1965, 684 f.; ders., Die Verfassungsmäßigkeit des Zweiten Vermögensbildungsgesetzes, 1968, S. 49 f. Zur Zulässigkeit der „haushaltsflüchtigen" Investitionshilfe: *BVerfGE* 4, 7 (26).

[8] Motive für die haushaltsrechtliche Privilegierung der bundesunmittelbaren Sozialversicherungsträger: *Piduch*, Bundeshaushaltsrecht, Stand 1971, § 112 BHO, Erläuterungen. Zur Durchbrechung des Budgetgrundsatzes der „Vollständigkeit" beim Sozialfiskus: *Neumark*, in: Gerloff - Neumark, (Hrsg.), Handbuch der Finanzwissenschaft I, 1952², S. 578.

[9] Die These, daß die „hilfsfiskalischen Verzweigungen" (in Kammern, Krankenkassen usw.) die Undurchsichtigkeit der Finanzgebahrung vermehrten: F. K. *Mann*, Die Staatswirtschaft unserer Zeit, 1930, S. 19.

F. Grundrechtliche Schranken des Solidarausgleichs

Der Solidarausgleich stößt auf grundrechtliche Widerstände, soweit er Finanzlasten überbürdet, nicht soweit er Vorteile vermittelt. Es sei vorgegeben, daß der Subventionseffekt, den die Umverteilung durch Sozialversicherungsbeiträge auslöst, grundrechtlich bedenkenfrei ist. So lassen sich Beitragsvergünstigungen für leistungsschwache Personenkreise über das sozialstaatlich interpretierte Gemeinwohl vor dem Gleichheitssatz rechtfertigen. Insoweit wäre auch das Subventionsziel einer Förderung der studentischen Krankenversicherung zulässig.

Ein Grundrecht kann sogar den Legitimationsgrund für eine Förderung bilden, wenn es über den status negativus hinaus auch einen status positivus gewährt. Das gegenwärtige Grundrechtsverständnis neigt dazu, diese Voraussetzung bei jedem Grundrecht anzunehmen, weil jedes Grundrecht sich unter seinem institutionellen Aspekt als Staatszielbestimmung darstellt und in jedem Grundrecht, wenn nicht ein individueller Leistungsanspruch, so doch ein objektivrechtlicher Leistungstitel angelegt ist[1]. Aus dieser Sicht läßt sich etwa der Familienlastenausgleich, den die Gesetzliche Krankenversicherung durchführt, auf den Schutz von Ehe und Familie (Art. 6 I GG) stützen. Diese Rechtfertigung erfaßt aber nur die Zuwendung der Ausgleichsvorteile, nicht dagegen die Auferlegung der Ausgleichslasten. Das grundrechtsfördernde Ziel legitimiert nicht das grundrechtsbeschränkende Mittel. Die grundrechtliche Würdigung der Finanzierungsseite des Solidarausgleichs bleibt noch offen.

I. Grundrechte der ausgleichsbelasteten Mitglieder

1. Die Grundrechtszuständigkeit der Sozialversicherungsträger und ihrer Mitglieder

Die Versicherungsträger selbst werden von der Last des Solidarausgleichs nicht grundrechtlich betroffen. Sie sind als Organisationen der mittelbaren Staatsverwaltung dem Staatsapparat zuzurechnen[1] — und

---

[1] Vgl. *Martens*, VVDStRL 30 (1972), S. 21—38; *Häberle*, ebenda, S. 69—131.
[1] Zum „staatlichen" Charakter der Träger sozialer Selbstverwaltung: *Henke*, VVDStRL 28 (1970), 163—172.

damit Adressaten, nicht Träger der Grundrechte[2]. Bestand, Unabhängigkeit, Kompetenz, Vermögen und Finanzierungstechniken der Sozialversicherung sind das Werk der staatlichen Organisationsgewalt und unterliegen ihr weiterhin[3]. Sie können verändert oder beseitigt werden, ohne daß Grundrechte der Organisation entgegenstünden.

Die Organisationsgewalt könnte dagegen auf Grundrechte der Organisierten stoßen, denen Grundrechtssubjektivität zusteht. Die öffentlichrechtliche Institution kann als Medium der individuellen Grundrechtsentfaltung dienen. Im Bereich der „sozialen Sicherheit" ist sie oft das einzig mögliche Medium. So können die einzelnen sozialversicherungsrechtlichen Leistungsansprüche und Anwartschaften nur im Rahmen des öffentlichrechtlichen Leistungsverbandes entstehen und erfüllt werden. Es ist daher denkbar, daß die individualrechtlichen Positionen der Mitglieder grundrechtlichen Schutz genießen. So werden sozialversicherungsrechtliche Anwartschaften wenigstens soweit von der „Eigentums"-Garantie des Art. 14 GG erfaßt, als sie das Ergebnis versicherungsmäßiger Selbsthilfe darstellen, durch Eigenleistungen „verdient" und durch Beitragsaufwand nach versicherungswirtschaftlicher Äquivalenz abgegolten sind[4]. Die grundrechtliche Wertung der Versorgungsleistungen der Sozialversicherung, die als Wirkungen solidarischer Umverteilung oder staatlicher Zuschüsse keine Vermögensopfer darstellen, mag dahinstehen. In bestimmtem Umfang jedenfalls ist die Organisationsstruktur des Versicherungsträgers auch die Lebensbedingung für Grundrechtspositionen seiner Mitglieder.

Damit gewinnt der Versicherungsträger zwar nicht selbst Grundrechtsfähigkeit, aber er kann als Sachwalter der Grundrechtssubjekte gelten, deren Grundrechtsverwirklichung von ihm abhängt[5]. Er

---

[2] *BVerfGE* 23, 12 (24) geht davon aus, daß den Sozialversicherungsträgern die Grundrechtsfähigkeit mangelt, daß der Gleichheitssatz für sie nicht als Grundrecht, sondern nur als objektivrechtliches Gebot der Rechtsstaatlichkeit gilt. Im gleichen Sinne: *BVerfGE* 21, 362 (368—375). Zustimmend: *Nipperdey - Säcker*, Zur verfassungsrechtlichen Problematik ..., 1969, S. 29. Kritisch: *Zacher* AöR 93 (1968), 369 f. — Zur Grundrechtsgeltung für juristische Personen des öffentlichen Rechts: *(Maunz) - Dürig - (Herzog)*, Grundgesetz, Stand 1971, Art. 19 III/Rdnr. 29—48; *Isensee*, Subsidiaritätsprinzip und Verfassungsrecht, 1968, S. 210—212; *Burmeister*, Vom staatsbegrenzenden Grundrechtsverständnis zum Grundrechtsschutz für Staatsfunktionen, 1971.

[3] Zur Gestaltungsmacht des Gesetzgebers gegenüber Sozialversicherungsträgern: *BVerfGE* 14, 221 (242).

[4] Zum möglichen „Eigentums"-Schutz sozialversicherungsrechtlicher Positionen: *BSGE* 9, 127 (128); *BVerfGE* 11, 121 (226—231); 14, 288 (293—296); 22, 241 (253); 24, 220 (225 f.); Werner *Weber*, in: Weber - Ule - Bachof, Rechtsschutz im Sozialrecht, 1965, S. 279—296; *Wannagat*, Lehrbuch des Sozialversicherungsrechts I, 1965, S. 243—245; *Zacher* DÖV 1970, S. 9; *Papier* VSSR 1973, S. 33—63.

[5] Dazu *(Maunz) - Dürig - (Herzog)* (N 2), Art. 19 III/Rdnr. 45; *Burmeister* (N 2), S. 99—106; *Brandstetter*, Der Erlaß von Berufsordnungen durch die Kammern der freien Berufe, 1971, S. 76—83.

wird zum Grundrechtsmittler, wenn er als verlängerter Arm seiner Mitglieder tätig wird.

Jedoch fungiert er als verlängerter Arm des Staates, wenn er eine staatlich aufgezwungene Fremdlast durch entsprechende Beitragserhöhung auf die Versicherten weitergibt. Hier übt der Hoheitsträger grundrechtsbeschränkende, nicht grundrechtsverwirklichende öffentliche Gewalt aus. Er trifft die Grundrechtsträger auch nicht im status positivus, der wesentlich in der Teilhabe an dem öffentlichrechtlichen Leistungsverband besteht. Vielmehr geht es bei der Beitragsbelastung allein um den status negativus der Pflichten im Verhältnis zur staatlichen Eingriffsgewalt. Im status negativus — dem liberalen Kernbereich der Grundrechte — bedarf das Individuum nicht des Grundrechtsmittlers — am wenigsten eines öffentlichrechtlichen, der in diesem Zusammenhang als der geborene Grundrechtswidersacher auftritt.

Die Ausgleichslast trifft also grundrechtsrelevant allein die einzelnen Versicherten, die mit ihrem Beitragsaufkommen für den Ausgleich einzustehen haben. Damit ist der Durchgriff durch die öffentlichrechtliche Organisationsform der Versicherungsträger hindurch auf die hinter ihnen stehenden Mitglieder geboten[6].

2. Der Gleichheitssatz (Art. 3 I GG)

a) Wenn eine Subventionierung eines Personenkreises durch das sozialstaatlich interpretierte Wohl der Allgemeinheit gerechtfertigt werden kann, so wird noch nicht erklärt, wieso die Allgemeinheit nicht die Subventionslasten übernimmt, sondern sie der Versichertengemeinschaft zuschiebt. Die Regel der finanzverfassungsrechtlichen Lastenverteilung ist die, daß der Aufwand, den die soziale Förderung eines bestimmten Bevölkerungsteils erfordert, vom Staat und nicht von einer einzelnen Gruppe der Gesellschaft zu tragen ist[1]. Die Durchbrechung der Regel bedarf der Rechtfertigung vor dem Gleichheitssatz[2].

---

[6] Nach *BVerfGE* 23, 12 (24) muß eine Regelung über die interorganisatorische Gemeinlast von Berufsgenossenschaften dem Grundrecht des Art. 3 I GG „schon deshalb genügen, weil sie sich auf die — grundrechtsfähigen — Mitglieder der Berufsgenossenschaften auswirkt".

[1] Auf finanzwissenschaftlicher Ebene fordert *Haller*, daß die Kosten, die durch sozial-motivierte verbilligte Abgabe von Leistungen entstehen, der Allgemeinheit auferlegt werden. „Die Unterstützung wirtschaftlich schwacher Bevölkerungsgruppen gehört zum Bereich der generellen Staatsaufgaben (Schutz schwacher Glieder innerhalb der Staatsgemeinschaft), ihre Finanzierung kann daher nur aus allgemeinen Abgaben erfolgen und nicht zu Lasten einer bestimmten Gruppe. Man kann nicht denjenigen einkommensstärkeren Staatsbürgern, die zufällig eine Präferenz zugunsten der in Frage stehenden Staatsleistungen haben, die Kosten für die Sozialleistungen in diesem Bereich aufbürden. Die Konstruktion einer Gruppensolidarität mit gleichartigen Präferenzen wäre wenig sinnvoll" (Die Steuern, 1964, S. 22 f.,

I. Grundrechte der ausgleichsbelasteten Mitglieder

Dem Gleichheitssatz wird nicht Genüge getan, wenn der Gesetzgeber förderungsbedürftige Gruppen mit leistungsfähigen zu Lastengemeinschaften zusammenpfercht und durch Begründung innerkorporativer Einstandspflichten sich einer eigenen Förderungslast zu entledigen hofft. Der korporative Zusammenschluß rechtfertigt nicht die Sonderlast, er bedarf selber der Rechtfertigung[3]. Wenn der Gesetzgeber einen sozialversicherungsrechtlichen oder sonstigen Solidarverband gründet, ist er verpflichtet, „die hierin liegende Festschreibung des Kreises der Hilfeleistungspflichtigen sorgfältig daraufhin zu prüfen, ob sie durch sachliche, auf der Eigenart des Sachverhalts gründende Differenzierungsgesichtspunkte gedeckt ist"[4].

Die Überbürdung der Soziallast von einer Gruppe auf eine andere im Rahmen eines korporativen Umverteilungssystems ist nur dann mit der Gleichheit vereinbar, wenn eine *„spezifische (soziale) Verantwortlichkeit* gerade der in Anspruch zu nehmenden Gruppe im Hinblick auf die finanziell zu bewältigende Aufgabe"[5] besteht. Es liegt nicht in der Macht des Gesetzgebers, beliebige Gruppen der Gesellschaft zu wechselseitiger Solidarität zu verpflichten. Die Einführung einer gesetzlichen Gruppensolidarität setzt Gruppenhomogenität voraus. Das Differenzierungskriterium einer parafiskalischen Ausgleichslast entspricht der einfachgesetzlichen Systematik des Solidarausgleichs[6], die sich in den Grundrechten ebenso widerspiegelt wie in der Kompetenzordnung. Die solidargerechten Umverteilungsbeziehungen der Gesetzlichen Krankenversicherung — vom Familienlastenausgleich bis zum Arbeitgeberzuschuß — halten daher der Prüfung am Gleichheitssatz stand. Die Indienstnahme des Solidarausgleichs für solidarfremde Zwecke wie die

---

ähnlich S. 278). Dieses Postulat wird als verfassungsrechtlicher Grundsatz von *Selmer* übernommen (Steuerinterventionismus und Verfassungsrecht, 1972, S. 371). Daß in der egalitären Demokratie, die als Steuerstaat organisiert sein muß, die Sozialpolitik von allen Bürgern bezahlt und finanziert werden muß, begründet *Leisner* (Sozialbindung des Eigentums, 1972, S. 229 bis 231).

[2] Die Rechtfertigung der Lastenverbände vor Art. 3 I GG fordert *Brohm*, Strukturen der Wirtschaftsverwaltung, 1968, S. 23 f., 283. Ähnlich auch *Rüfner*, VVDStRL 28 (1970), S. 197.

[3] Vgl. bes. *Brohm* (N 2), S. 23 f., 283.

[4] Zitat: *Selmer* (N 1), S. 370.

[5] Zitat: *Selmer* (N 1), S. 371 — (Hervorhebung nicht im Original). In der Sache ähnlich: BVerfGE 4, 7 (20: Rechtfertigung der Investitionshilfe vor Art. 3 GG mit der „besonderen Verbundenheit" der begünstigten Industrie mit der — belasteten — übrigen gewerblichen Wirtschaft); 11, 105 (115: „sachgerechte Verknüpfungen zwischen Begünstigungen und Belastungen" bei den Familienausgleichskassen; 116: „sachliche Beziehung" zwischen Kindergeldleistungen an die Arbeitnehmer und Beschränkung der Beitragspflicht auf die Arbeitgeber). Ähnlicher Ansatz auch bei *Böckenförde*, VVDStRL 30 (1972), S. 164.

[6] s. o. B.

soziale Förderung der Studenten verletzt dagegen das Willkürverbot des Art. 3 I GG.

b) Die Verletzung der Gleichheit kann nicht um des *Praktikabilitätsgewinnes* willen hingenommen werden, den die Ausnutzung des bestehenden Organisationssystems und seiner Finanzierungsmöglichkeiten für eine neue Förderungsaufgabe der Verwaltung bietet. Das Bundesverfassungsgericht stellt bei der verfassungsrechtlichen Prüfung der Familienausgleichskassen fest, daß die „Anknüpfung an eine vorhandene Verwaltungsorganisation aus verwaltungstechnischen Gründen" „nur" dann verfassungswidrig sein könnte, „wenn sie eine Verletzung des Prinzips der Lastengleichheit im Sinne von Art. 3 Abs. 1 GG zur Folge hätte"[7]. Die These trifft zu — mit Ausnahme des Wortes „nur", das die Möglichkeiten der Verfassungskollision voreilig verkürzt.

Das Staatsrecht verschließt sich nicht den Erfordernissen der Praktikabilität. Die Effizienz und Ökonomie des Staatshandelns sind verfassungsrechtlich vorausgesetzte, apriorische Maximen des auf Rationalität gegründeten Rechtsstaates[8]. Effizienz und Ökonomie rechtfertigen die *typisierende Behandlung* der sozialrechtlichen Massenerscheinungen vor dem Gleichheitssatz, wenn Gesetzgeber oder Verwaltung rechtlich verschiedene Sachverhalte vereinfachend zusammenfassen und den Einzelfall — unter Vernachlässigung seiner an sich rechtserheblichen Besonderheiten — dem Schema des Normalfalles unterwerfen[9]. Wenn sich auch die vitalen Notwendigkeiten der Massenverwaltung (im Bereich der Sozialleistungen wie dem des Finanzwesens) soweit durchsetzen, daß die einzelfallgerechte Gleichheit zur schematischen Gleichheit verkürzt wird, so rechtfertigen sie nicht, daß auch der Regelfall gleichheitswidrig behandelt wird[10]. Gerade dieser Tatbestand wäre bei der Finanzierung einer solidarfremden Gruppe durch die Versichertengemeinschaft erfüllt. Bei typisierender Betrachtung bildet die Belastung eines pflichtversicherten Arbeitnehmers mit dem Sozialaufwand für die studentische Krankenversicherung eine gleichheitswidrige Sonderlast.

---

[7] BVerfGE 11, 105 (119). Zurückhaltend *Selmer* (N 1), S. 370.

[8] Dazu *Isensee*, Die typisierende Verwaltung, Erlanger Habilitationsschrift (MS) 1970, S. 342—367; ders., JZ 1971, 74 f. Kritisch zur Effizienz: *Leisner*, Effizienz als Rechtsprinzip, 1971.

[9] Die Typisierung des Sozialversicherungsrechts wird vor Art. 3 I GG als sachgerechte Methode des Massenfallrechts gerechtfertigt in BVerfGE 9, 20 (31 f.); 11, 105 (120, 122); 13, 21 (29); 17, 1 (23—26); 18, 257 (270 f.); 23, 12 (28 f.); 23, 135 (144); 26, 16 (32—37); 28, 104 (116); 28, 324 (354—356).

[10] Zu Methode und Zulässigkeit der Typisierung: *Isensee*, Die typisierende Verwaltung (N 8); ders., StuW 1973, 199—206. — Zum Gleichheitssatz als Grenze der „Gruppierungskompetenz" des Leistungsstaates: *Martens* VVDStRL 30 (1970), S. 22 f. — Zum grundrechtlichen „Gebot der homogenen Gruppenbildung" in der „Gruppenuniversität": BVerfG Urt. v. 29. 5. 1973, JZ 1973, 456 (462).

c) Die Denaturierung des Solidarausgleichs (wie die gleichzeitige Lösung von der konkurrierenden versicherungsrechtlichen Äquivalenz) bringt den Gesetzgeber auch in Konflikt mit der rechtsstaatlichen Maxime der *Systemgerechtigkeit,* einer Ausstrahlung des Gleichheitsgrundrechts auf der Ebene des objektiven Rechts[11].

Die Legislative ist um der Gleichheit und Berechenbarkeit willen an ihre selbst gewählten Prämissen gebunden — sie kann den Konsequenzen nicht ohne hinreichende Rechtfertigungsgründe ausweichen. Nach der Rechtsprechung des Bundesverfassungsgerichts darf der Gesetzgeber die „von ihm selbst statuierte Sachgesetzlichkeit" nur dann aufgeben, wenn die Abweichung „von überzeugenden Gründen getragen ist"[12]. Das Maß der Abweichung muß dem Gewicht der Gründe entsprechen, welche die Durchbrechung der Regel heischen.

Wenn der Gesetzgeber eine Lösung im Rahmen des bestehenden Systems der Solidargemeinschaft anstrebt, dieses System aber im entscheidenden Punkt — in der Begrenzung des Solidarausgleichs auf Gruppenhomogenität und Gruppensolidarität verläßt, ohne einen systemgemäßen Rechtfertigungsgrund aufweisen zu können, verletzt er das Gesetz, nachdem er angetreten — mithin das Verfassungsgebot zur Konsequenz. Der Vorwurf der Inkonsequenz trifft mit dem des Formenmißbrauchs zusammen. *Formenmißbrauch* liegt darin, daß sich die Durchbrechung des sozialversicherungsrechtlichen Systems verhüllt vollzieht: Die organisationstechnische Form des Solidarausgleichs wird beibehalten, sein Zweckbezug aber aufgelöst.

d) Die Verfassungsmaxime der inneren Folgerichtigkeit wäre auch dann verletzt, wenn man den zweckentfremdeten Beitrag von vorneherein als (parafiskalische) Steuer qualifizierte und an der *Formgesetzlichkeit der Steuer* mäße.

Die Steuer richtet sich aus an der wirtschaftlichen Leistungsfähigkeit des Schuldners, das Sozialrecht als Leistungsrecht an der Bedürftigkeit des Leistungsempfängers[13]. Leistungsfähigkeit und Leistungsbedürftigkeit sind die antipodischen Prinzipien auf der Gebens- und auf der Nehmensseite des staatlichen Umverteilungssystems. Diese Ordnung wird auf den Kopf gestellt, wenn die Steuerpflicht an die Mitgliedschaft zur Gesetzlichen Krankenversicherung geknüpft wird, die der Gesetz-

---

[11] In diesem objektivrechtlichen Geltungsmodus kommt der Gleichheitssatz auch den Sozialversicherungsträgern als solchen zugute: *BVerfGE* 23, 12 (24).

[12] Richtungweisend *BVerfGE* 13, 331 (340) — zum Verhältnis Steuergesetz — Privatrecht. Vgl. auch *BVerfGE* 15, 313 (318); 18, 366 (373); 31, 314 (330—333); *BFH* 89, 422 (439). Kritisch *Zacher* AöR 93 (1968), 352—355.

[13] Zur sozialen Schutzbedürftigkeit als Legitimation der Sozialversicherung: *BVerfGE* 18, 257 (270).

geber aufgrund des Bedürfnisses nach sozialer Sicherung im Krankheitsfall zugewiesen hat. Die Besteuerung eines nach sozialrechtlichen Kriterien umschriebenen Personenkreises führt dazu, daß der Steuereffekt des sozialen Ausgleichs auf Kosten des sozial Schutzbedürftigen vollzogen wird. Das Konzept der Sozialversicherungs-Steuer verstrickt sich in einen Selbstwiderspruch, wenn es denselben Personenkreis nach identischen Kriterien als leistungsfähig und leistungsbedürftig behandelt.

Am Beispiel des Sozialversicherungsbeitrags wird deutlich, daß die Formtypik des Abgabenrechts und die materiale Abgabengerechtigkeit unlösbar miteinander verbunden sind. Wer das Formgesetz bricht, hebt notwendig auch die Lastengleichheit auf[14].

3. Die Vereinigungsfreiheit (Art. 9 I GG)

Es liegt nahe, die hoheitliche Beitragsregelung für die körperschaftlich organisierten Mitglieder der Gesetzlichen Krankenversicherung am Grundrecht der Vereinigungsfreiheit zu messen. Das Bundesverfassungsgericht lehnt jedoch die Geltung des Art. 9 I GG schlechthin für den Bereich der öffentlichrechtlichen Zwangsverbände ab, weil das Grundrecht die (positive) Freiheit der Bürger, sich zu Vereinigungen des Privatrechts zusammenzuschließen, verbürge, nicht aber die (negative) Freiheit gegenüber gesetzlich angeordneter Zugehörigkeit zu einer Organisation des öffentlichen Rechts[1]. Diese Auffassung setzt sich in Widerspruch zur Grundrechts-Teleologie der Verfassung, wenn sie den Schutzbereich der Vereinigungsfreiheit nicht vom Gut der zu schützenden Freiheit und ihren Gefährdungsmöglichkeiten, sondern von der (auswechselbaren) Rechtsform des Staatseingriffs her eingrenzt.

Gleichwohl steht das Schutzgut der Vereinigungsfreiheit in der Organisation der Gesetzlichen Krankenversicherung nicht auf dem Spiel. Das Grundrecht des Art. 9 I GG ist auf „personale Zusammenschlüsse" abgestellt[2]. Prototyp ist der Idealverein. Das Bundesverfassungsgericht

---

[14] Schulbeispiel für den Zusammenhang von abgabenrechtlicher Formtypik mit der materialen Lastengleichheit: BVerfGE 9, 291 (297—302) — zum baden-württembergischen „Feuerwehrbeitrag".

[1] BVerfGE 10, 89 (102); 10, 354 (361 f.); 15, 235 (239). Zustimmung: *Scheuner*, Gedächtnisschrift Hans Peters, 1967, S. 819; *Maunz - (Dürig) - (Herzog)*, Grundgesetz (Stand 1971), Art. 9/Rdnr. 50; *Zacher*, Arbeitskammern im demokratischen und sozialen Rechtsstaat, 1971, S. 26—28.
Gegenmeinung (Art. 9 I GG als Schutz gegen öffentlichrechtliche Verbände): *Quidde* DÖV 1958, 522 f.; *Hesse*, Grundzüge des Verfassungsrechts der Bundesrepublik Deutschland, 1973[6], S. 167; *Scholz*, Koalitionsfreiheit als Verfassungsproblem, 1971, S. 270—274; *Mronz*, Körperschaften und Zwangsmitgliedschaft, 1973, bes. S. 57—102, 208—257 (differenzierend); Friedrich *Müller*, Juristische Methodik, 1972, S. 33.

[2] So BVerfGE 10, 354 (362).

lehnt zu Recht die Anwendbarkeit des Vereinigungsgrundrechts ab, wenn sich die „Mitgliedschaft" in einer Versicherungsanstalt des öffentlichen Rechts in der Beitragspflicht erschöpft[3]. Eben diese Voraussetzung trifft auf die Struktur der Gesetzlichen Krankenversicherung zu. Die Zugehörigkeit zu einer Kasse bildet im wesentlichen nur den Anknüpfungspunkt für Abgabenlasten (und korrespondierende Leistungsansprüche). Die körperschaftliche Organisation ließe sich gegen eine anstaltliche austauschen, das „Mitglied" zum „Benutzer" wandeln, ohne daß sich die eigentliche sozialversicherungsrechtliche Abgaben- und Leistungsbeziehung in ihrer Substanz änderte. Die Beitragsgestaltung greift daher nicht in den „personalen" Schutzbereich des Art. 9 I GG ein. Berührt wird dagegen der wirtschaftliche Status des Beitragsschuldners, der zum Schutzbereich des Art. 14 GG gehört.

4. Die Eigentumsgarantie (Art. 14 GG)

a) Es herrscht in der Staatsrechtslehre Konsens darüber, daß die Eigentumsgarantie nicht schlechthin der Auferlegung von Geldlasten entgegensteht[1]. Wenn der Kompetenzkatalog des Grundgesetzes die Zuständigkeiten zur Abgabenerhebung im Bund-Länder-Verhältnis aufteilt und damit die Zulässigkeit der betreffenden Abgaben einschlußweise gutheißt, kann der Grundrechtsteil die Abgabenerhebung nicht per se verwerfen — falls die Verfassung als Einheit Bestand haben soll[2]. Aus der praktischen Konkordanz der Kompetenz- und Grundrechtsnorm des Grundgesetzes folgt daher auch, daß der kompetenzgerechte Sozialversicherungsbeitrag mit Art. 14 GG vereinbar ist[3].

b) Dagegen ist die Frage offen, in welchen grundrechtlichen *Schutzbereich* die öffentliche Geldlast eingreift — in die Gewährzone des Eigentums (Art. 14 GG) oder in die der allgemeinen Handlungsfreiheit (Art. 2 I GG). Heute scheint sich die Zuordnung zum Eigentum durchzusetzen — mit Recht[4]. Das Ergebnis folgt aus dogmatischen Prämissen,

---

[3] *BVerfGE* 10, 354 (362) — zur Bayerischen Ärzteversorgung.

[1] Hier liegt der berechtigte Kern der stereotypen Floskel des *BVerfGE*: daß Art. 14 GG nicht das Vermögen gegen Eingriffe durch Auferlegung von Geldleistungen schütze (so etwa E 4, 7 [17]). Weit. Nachw. bei *Leibholz - Rinck*, Grundgesetz, 1971[4], Art. 14/Rdnr. 7.

[2] Zum Verhältnis Grundrecht-Kompetenz: *Pestalozza*, Der Staat 11 (1972), 161—188 (Nachw.). Zu den Interpretationszielen der „Einheit der Verfassung" und der „praktischen Konkordanz": *Hesse*: Grundzüge des Verfassungsrechts der BRD, 1973[6], S. 28 f. und passim.

[3] So im Ergebnis zum (kompetenzgerechten) Sozialversicherungsbeitrag: *BVerfGE* 11, 105 (126); 14, 221 (241).

[4] In diesem Sinne etwa (jeweils mit weit. Nachw.): *BFH* 89, 422 (441 f.); *Friauf*, JurA 1970, 299—320; *Friedrich Klein*, Festschrift für Neumark, 1970, S. 229—244; *Kloepfer* AöR 97 (1972), 270—272; *Kruse*, Steuerrecht I, 1973[3], S. 48 f.; *Leisner*, Verfassungsrechtliche Grenzen der Erbschaftsbesteuerung,

die längst Gemeingut geworden sind: daß nämlich Art. 14 I GG die Gesamtheit der vermögenswerten Rechte als „Eigentum" gewährleistet[5], und daß der Schutz der allgemeinen Handlungsfreiheit in Art. 2 I GG als subsidiäres Auffanggrundrecht hinter den besonderen Freiheitsverbürgungen zurücktritt[6].

Die Eigentumsgarantie steht gemäß Art. 14 I 2 GG unter dem Vorbehalt der gesetzlichen Abgabe, aber eben nur der gesetzlichen. Die Kehrseite des grundrechtlichen Schrankenvorbehalts ist der grundrechtliche *Unterlassungsanspruch* gegen rechtswidrige Belastung. Art. 14 GG schützt damit das Mitglied der Sozialversicherung gegen eine kompetenzwidrige, somit unzulässige, Beitragserhebung. Diese mittelbare Grundrechtsverletzung fände übrigens auch in Art. 2 I GG — unterstellt, hier wäre die sedes materiae — eine gleichwertige Sanktion, weil die allgemeine Handlungsfreiheit das Grundrecht des Bürgers umschließt, nur aufgrund solcher Normen belastet zu werden, die formell und materiell der Verfassung gemäß sind und deshalb zur verfassungsmäßigen Ordnung gehören[7].

c) Daneben ist auch eine *unmittelbare* Grundrechtsverletzung durch den Sozialversicherungsbeitrag denkbar. Hier erhebt sich die (selbst für die Steuer bisher nur unzulänglich dogmatisch erfaßte) Frage, worin das abgabenfeste Schutzgut der Eigentumsgarantie besteht und an welchem grundrechtlichen „Maß" sich das grundrechtsschonende Übermaßverbot auszurichten hat:

— am „Eigentum" als überindividuellem Rechtsinstitut oder an den konkreten Vermögensrechten des betroffenen individuellen Rechtsträgers;

— am „Eigentum" als Sachherrschaft ohne Bezug auf ein bestimmtes Objekt oder in Hinsicht auf bestimmte Güter (Boden, Aktien etc.);

— an der gesamten wirtschaftlichen Leistungsfähigkeit des Abgabenschuldners oder an dem tatbestandlich umschriebenen Aspekt der Leistungsfähigkeit (steuerrechtlich qualifiziert: am Steuergegenstand als zu erhaltender „Steuerquelle");

1970, S. 76—96; ders., Sozialbindung des Eigentums, 1972, 226—228, 237 f.; *Martens*, VVDStRL 30 (1972), S. 15 f.; *Kröger*, NJW 1973, 1021; *Mußgnug*, Festschrift für Forsthoff, 1972, S. 276 f., 288—300; *Papier*, Der Staat 11 (1972), 498—513; Klaus *Vogel*, Finanzverfassung und politisches Ermessen, 1972, S. 36—46.

[5] Dazu *Leisner*, Sozialbindung (N 4), S. 17—21.

[6] Richtungweisend: BVerfGE 6, 32 (37 f.); weit. Nachw. *Leibholz - Rinck* (N 1), Art. 2/Rdnr. 4.

[7] So zur Steuer BVerfGE 9, 3 (11); 19, 206 (215 f.). Im gleichen Sinne *Wacke* StbJb 1966/67, 108—112; *Kruse* (N 4), S. 49—51.

I. Grundrechte der ausgleichsbelasteten Mitglieder

— am Abgabenobjekt als Vermögenswert oder als Sachsubstrat (steuerrechtliches Stichwort: kein Veräußerungszwang hinsichtlich des besteuerten Gewerbebetriebs, Nachlasses etc.).

Feststellungen über die Eigentumsschranken der Steuer können nicht ohne weiteres für den Sozialversicherungsbeitrag übernommen werden, der seine Besonderheit im Verhältnis zur gegenleistungsfreien Gemeinlast geltend macht. Die Grundrechtsgrenzen lassen sich nur im Blick auf die Eigenart der jeweiligen Abgabe verdeutlichen.

d) Soweit der Beitrag das Äquivalent des Versicherungsschutzes darstellt, liegt keine Vermögenseinbuße vor. Hier ergibt sich grundrechtlicher Konfliktstoff weniger aus der Auferlegung der Beitragslast als aus der Auferlegung der Versicherungspflicht, welche die Beitragslast auslöst[8]. Die Problematik des Art. 14 GG zeigt sich erst, wenn der Beitragsschuldner über das Versicherungsentgelt hinaus im Zuge des Solidarausgleichs ein Umverteilungsopfer erbringt. Hier fragt sich, ob das Umverteilungsopfer in den Bereich der Sozialpflichtigkeit des Privateigentums gehört (mithin zulässig ist) oder sich als Enteignung auswirkt (mit der Folge, daß die entschädigungslose Abgabe notwendig gegen Art. 14 III 2, 3 GG verstößt)[9].

e) Das Kriterium liefert die Frage, ob die Abgabenlast auch dazu bestimmt ist, das *Eigeninteresse* des Abgabenschuldners zu fördern[10], sei es, daß sie den Preis für einen besonderen Vorteil, sei es, daß sie das Mittel (hoheitlich regulierter) Selbsthilfe bildet[11]. Die Privatnützigkeit des grundrechtlich geschützten Eigentums wird von der Sozialklausel des Art. 14 II GG als selbstverständlich vorausgesetzt, wenn sie „zugleich" die Verpflichtung auf das „Wohl der Allgemeinheit" statuiert. Die völlige Ausschaltung des Eigennutzes und die Exklusivität des Gemeinnutzes kennzeichnet die Enteignung (Art. 14 III 1 GG)[12] — und die Steuer! Die übrigen Abgaben müssen — zumindest auch —

---

[8] Zur grundrechtlichen Zulässigkeit der Einbeziehung in die Pflichtversicherung: *Rode*, Gesetzliche Pflichtversicherung und persönliche Freiheit, in: Sonderbeilage der Versicherungswirtschaft, Heft 18 v. 15. 9. 1970.

[9] Zum Verhältnis Abgabe-Enteignung: *Friauf* JurA 1970, 304 f.; *Leisner*, Grenzen (N 4), 78—84.

[10] Dieses Kriterium berührt sich mit den dogmatisch noch nicht hinreichend gewürdigten Ansätzen der „Privatnützigkeitstheorie" und der „Zweckentfremdungstheorie". Dazu *Reinhardt*, in: Reinhardt-Scheuner, Verfassungsschutz des Eigentums 1953, S. 14, 26—30; E. R. *Huber*, Wirtschaftsverwaltungsrecht II, 1954², S. 24 f.; *Leisner*, Sozialbindung des Eigentums, 1972, S. 171—180 (kritisch).

[11] Beispiele von Selbsthilfeleistungen sind die Abgaben nach dem Fisch- und dem Weinwirtschaftsgesetz: die Schuldner sind zugleich die Begünstigten der über die Abgaben finanzierten Marktpflege. Dazu näher *Mußgnug* (N 4), S. 265, 267, 289 f.

[12] Zur Privatnützigkeit des Eigentums: *Reinhardt* (N 9), S. 14, 29 f.

das Eigeninteresse des Pflichtigen fördern. Das Eigeninteresse braucht nicht individualistisch aufgefaßt zu werden. Es genügt das Eigeninteresse der Gruppe, der der Pflichtige angehört[13]. Die Gruppensolidarität enthält immer noch Elemente der Privatnützigkeit. — Die solidarfundierte Umverteilungslast, die das Kassenmitglied in der Solidargemeinschaft aufbringt, fügt sich in diesen Rahmen ein, zumal der jeweilige Ausgleichgeber selbst zum Ausgleichsempfänger werden kann, wenn er etwa den Familienstand wechselt, ins Rentenalter kommt oder in eine niedrige Einkommenskategorie sinkt[14].

f) Grundrechtswidrig ist dagegen die Auferlegung einer Ausgleichslast zugunsten einer *fremden Gruppe*[15]. Soweit das Gemeinwohl die Förderung eines Bevölkerungsteils verlangt, der zur individuellen oder solidarischen Selbsthilfe nicht imstande ist, fällt die Förderung der staatlichen Allgemeinheit zu, der dafür die Steuermittel zur Verfügung stehen. Art. 14 GG kennt neben der Privatnützigkeit des Eigentums nur die Gemeinnützigkeit. Die Fremdgruppennützigkeit ist damit ausgeschlossen. Eine „Staatssubvention aus privater Tasche" wirkt enteignend[16].

Daraus folgt für das Sozialversicherungsrecht: Soweit die sozialversicherungsrechtliche Umverteilung über die Grenzen der Gruppenhomogenität und Gruppensolidarität hinausgeht und sich gruppenfremde Finanzierungszwecke zu eigen macht, ist die Ausgleichslast eine entschädigungslose, damit verfassungswidrige Enteignung. — Daß die Enteignungsschwelle bei der Fremdlastfinanzierung aus Beitragsmitteln überschritten wird, läßt sich im übrigen auch auf dem Boden der Sonderopferlehre beweisen: Die Ausgleichslast für fremde Gruppen verletzt die Gleichheit[17] und fordert damit ein *Sonderopfer*. Im Ergebnis erweist sich der Solidarausgleich nur in dem Rahmen als grundrechtsgemäß, in dem er auch kompetenzgerecht ist.

g) Nur wenn die Ausgleichslast diese Grundrechtsprobe am Ausgleichszweck bestanden hat, muß noch geprüft werden, ob sie in concreto mit den Geboten der Verhältnismäßigkeit, Erforderlichkeit und Geeignetheit vereinbar ist. Die Fragen, die sich nunmehr stellen, bilden keine Besonderheit des Sozialversicherungsbeitrags. Hier mündet

---

[13] Richtungweisend die Unterscheidungen *Mußgnugs* (N 4), S. 288—300.
[14] s. o. B II.
[15] These, daß fremdnützige Abgaben, durch die „finanziellen Zwangspatenschaften" begründet werden, gegen Art. 14 GG verstoßen: *Mußgnug* (N 4), S. 291—299.
[16] Dieses Ergebnis wird bestätigt auf dem Boden der Eigentumsdogmatik *Leisners:* Die Sozialbindung ist lediglich eine Organisationsform „gut nachbarlichen" Zusammenlebens, aber kein Instrument für umverteilende Sozialpolitik, die sich im Steuerstaat über die Besteuerung vollziehen muß (Sozialbindung, S. 226—233).
[17] s. o. 2.

die Untersuchung in das allgemeine Problem ein, wie das *Übermaßverbot* die staatliche Abgabengewalt zu begrenzen und die offene Flanke" des Eigentumsgrundrechts zu decken vermag[18].

II. Grundrechtlicher Konkurrenzschutz der Privatversicherungsträger gegen Mißbrauch der Beitragshoheit

1. Zwischen der Sozial- und der Privatversicherung besteht mehrfache Konkurrenzberührung. Sie ergibt sich in der Mitgliederwerbung hinsichtlich der Personengruppen, die das Recht zur freiwilligen (Weiter-)Versicherung in der Gesetzlichen Krankenversicherung besitzen oder die einer Versicherungspflicht über ein Wahlrecht oder eine Befreiungsmöglichkeit in öffentlicher wie in privater Organisation genügen können. Die Privatversicherung befindet sich insoweit in der ungünstigen wettbewerblichen Ausgangslage, als ihr die Möglichkeit des solidarischen Beitragsausgleichs verschlossen ist. Sie ist aus rechtlichen wie aus wirtschaftlichen Gründen auf kostengerechte Beitragsbemessung angewiesen. Sie darf das Gebot der streng versicherungsmäßigen Äquivalenz nicht durch soziale Rücksichtnahmen aufweichen. Damit ist ihr verwehrt, durch lukrative Beitragsnachlässe um einkommensschwächere Personengruppen (in der Hoffnung auf langfristige Rentabilität) zu werben und die Kosten auf die Versichertengemeinschaft abzuwälzen. Dieser Wettbewerbsnachteil ist aber gleichsam angeboren, weil er aus den legitimen Strukturunterschieden zwischen Sozial- und Privatversicherung folgt. Die Wettbewerbslage würde noch weiter zu Lasten der Privatversicherung verschoben — und zwar mit unzulässigen Mitteln —, wenn die Sozialversicherung sich aus den Bindungen an die Gruppenhomogenität und Gruppensolidarität befreite und zum unbeschränkten Solidarausgleich überginge.

2. Die Wettbewerbsposition des Privatversicherers ist im Verhältnis zur unmittelbaren wie zur mittelbaren Staatlichkeit grundrechtlich geschützt. Der Schutz ist die Konsequenz einer Verfassung, welche die öffentliche Gewalt in allen ihren Ausprägungen an die Grundrechte bindet und dadurch im Bereich der sozialen Sicherheit den Vorrang der Privatinitiative vor der staatlichen Aktivität begründet. Die Grundrechtsgeltung gegen staatlichen „Konkurrenzdruck" baut auf den (im einzelnen noch bestrittenen) dogmatischen Voraussetzungen auf,

— daß die Bindung nicht nur die „klassischen" obrigkeitlichen Handlungsformen des Staates, sondern gleichermaßen die zeitgemäß schlichthoheitlichen oder privatrechtlichen erfaßt[1];

---
[18] Zur Verhältnismäßigkeit bei der Bemessung der Beiträge für die Gesetzliche Krankenversicherung: BVerfGE 13, 21 (27—29). — Zum Übermaßverbot als Regulativ der Steuer etwa: *Leisner*, Grenzen (N 4), S. 82—84; *Friauf* JurA 1970, 317—319 (Nachw.); *Papier* Der Staat 11 (1972), 502 f.

— daß der Grundrechtsschutz nicht allein dem Adressaten eines „gezielten" Eingriffs zukommt, sondern jedem, der eine Rechtsbeeinträchtigung — sei es auch nur als Nebenfolge einer staatlichen Maßnahme — erleidet[2];

— daß die staatlichen Grundrechtsadressaten (auch die mittelbar staatlichen, wie die Sozialversicherungsträger) sich nicht ihrerseits auf die Grundrechte berufen können und damit aus grundrechtlicher Sicht den Privaten niemals gleich stehen[3].

Das Bundesverwaltungsgericht macht sich diese Prämissen mittelbar zu eigen, wenn es die „Konkurrentenklage" einer Privatversicherung gegen eine öffentlichrechtliche (Feuer-)Versicherungsanstalt zuläßt und die Frage, ob der Wirkungskreis der Anstalt ausgedehnt werden darf, von den Grundrechten des privaten Konkurrenten her beantwortet[4]. Das Bundesverwaltungsgericht bleibt allerdings auf halbem Wege stehen, wenn es aus Art. 14 GG nur den Schutz vor der Monopolbildung der öffentlichen Hand ableitet, nicht auch den Schutz vor dem Auftreten des staatlichen Wettbewerbers und vor einer Erschwerung des Versicherungsgeschäfts[5]. Der Bereich der Eigentumsgarantie wird damit auf die bloße wirtschaftliche Existenz verkürzt. Dagegen rechnet die Enteignungsjudikatur des Bundesgerichtshofs auch die wirtschaftliche Essenz hinzu, wie sie sich in den einzelnen Erscheinungsformen („Ausstrahlungen") des eingerichteten und ausgeübten Gewerbebetriebs ausprägt[6]. Auf der anderen Seite unterwirft aber das Bundesverwaltungsgericht die Konkurrenzbetätigung einer öffentlichrechtlichen Versicherung denselben Zulässigkeitsmaßstäben aus dem Willkürverbot und aus der Berufsfreiheit, die für den obrigkeitlichen (Zwangs-)Eingriff gelten[7].

3. Für die Wettbewerbsvorteile, die der Gesetzlichen Krankenversicherung aus dem Mißbrauch des Solidarausgleichs erwachsen, finden sich keine Rechtfertigungsgründe, die der Prüfung am Willkürverbot (Art. 3 I GG) standhalten, und keine „vernünftigen Erwägungen des Gemeinwohls", die eine Beschränkung der Berufsausübung (Art. 12 I 2 GG) des Privatunternehmens legitimieren könnten[8]. Ein Finanzierungsverfahren, das im Verhältnis von Bund und Ländern, von Gesetzgeber und (mittelbarer) Staatsverwaltung, von öffentlicher Gewalt und aus-

---

[1] Dazu: *Leisner*, Werbefernsehen und Öffentliches Recht, 1967, S. 158—165; *Isensee*, Subsidiaritätsprinzip und Verfassungsrecht, 1968, S. 212—215, 286 bis 289.

[2] Dazu grundsätzlich *Gallwas*, Faktische Beeinträchtigungen im Bereich der Grundrechte, 1970; *Martens*, VVDStRL 30 (1972), 13 f. Speziell zum Enteignungseingriff: *Gronefeld*, Preisgabe und Ersatz des enteignungsrechtlichen Finalitätsmerkmals, 1972, bes. S. 36—97.

[3] s. o. I 1.

[4] BVerwGE 17, 306 (308—315).

[5] BVerwG (N 4), S. 315.

[6] Materialien der BGH-Rechtsprechung bei *Badura*, Entschädigung nach Enteignungsgrundsätzen, 1971, S. 22—35.

[7] BVerwG (N 4), S. 311—313.

[8] Zur Schranke der Berufsausübungsfreiheit: BVerfGE 7, 377 (404 f.). Dazu auch BVerwGE 17, 306 (313).

II. Konkurrenzschutz der Privatversicherungsträger

gleichsbelasteten Beitragsschuldnern verfassungswidrig ist, läßt sich auch nicht in der Beziehung zwischen Sozial- und Privatversicherung legitimieren. Im übrigen verstößt es auch gegen das Willkürverbot, wenn sich einerseits die öffentliche Hand als Teilnehmerin am wirtschaftlichen Wettbewerb auf die Ebene der Gleichordnung mit Privaten begibt und sich andererseits durch Einsatz von Hoheitsgewalt Wettbewerbsprivilegien verschafft — unter Verletzung des Gesetzes gleicher Konkurrenz, nach dem sie angetreten ist[9].

4. Aus diesen Voraussetzungen folgt für die Grundrechtsposition der Privatversicherung gegenüber einer solidarfremden Beitragsgestaltung der Kassen:

— Soweit sich Wettbewerbsnachteile für die Privatversicherung ergeben, wird die Gleichheit des Wettbewerbs verletzt (Art. 3 I, 12 I GG).

— Soweit der Wirkungskreis der Privatversicherung verkleinert wird, liegt ein Verstoß gegen die Berufsfreiheit vor, und zwar grundsätzlich auf der Stufe der Berufsausübung (Art. 12 I 2 GG), im äußersten Fall des wirtschaftlichen Ruins sogar auf der Stufe der Berufswahl (Art. 12 I 1 GG)[10].

— Soweit der Konkurrenzdruck der Sozialversicherung den durch Art. 14 GG geschützten eingerichteten und ausgeübten Gewerbebetrieb beeinträchtigt, ist der Tatbestand des (rechtswidrigen) enteignungsgleichen Eingriffs erfüllt.

In allen drei Fällen kommt es nicht darauf an, ob die Rechtsbeeinträchtigung das Ziel oder die ungewollte Folge des unzulässigen Finanzgebarens ist.

---

[9] Sub specie des Gleichheitssatzes zu den Privilegien der öffentlichen Hand im Wettbewerb: *Nipperdey - Schneider*, Die Steuerprivilegien der Sparkassen, 1966; Hans H. *Klein* StuW 1967, 657—661; ders., Die Teilnahme des Staates am wirtschaftlichen Wettbewerb, 1968, S. 236—239; *Isensee* (N 1), S. 280, 291; ders., DÖV 1970, 403 f.; *Leisner* BB 1970, 405—413. — Zu den wettbewerbsrechtlichen Aspekten des Wettbewerbs zwischen Sozial- und Privatversicherung: *Scholz*, in: Private Krankenversicherung 1972, 42; ders., Wettbewerb zwischen Ersatzkassen und Privatversicherung, in: Scholz - Isensee, Zur Krankenversicherung der Studenten, 1973, S. 3—25. Zur wettbewerbsrechtlichen Seite der Postgebührenpolitik im Verhältnis zur Wettbewerbslage der privaten Kreditinstitute: *Rupp*, Verfassungsrechtliche Aspekte der Postgebühren und des Wettbewerbs der Deutschen Bundespost mit den Kreditinstituten, 1971, S. 25—38.

[10] Die Berufsfreiheit umschließt auch die sog. Wettbewerbsfreiheit, die häufig als eigenständiges Grundrecht neben ihr angesehen und in Art. 2 I GG geortet wird (so von BVerwGE 17, 306 [309]; *Nipperdey*, Soziale Marktwirtschaft und Grundgesetz, 1961², S. 22—25). — Zutreffende Standortbestimmung: *Scholz*, Wirtschaftsaufsicht und subjektiver Konkurrentenschutz, 1971, S. 128 f.

G. Sozialstaatliches Ausgleichsziel und sozialversicherungsrechtliche Umverteilung

1. Die Sozialstaatsklausel des Grundgesetzes[1] bildet den eigentlichen Legitimationsgrund der Umverteilung. Sie richtet das Ideal der Gleichheit der Lebensbedingungen auf und erteilt den Impuls zum Ausgleich sozialer Unterschiede[2]. Die sozialstaatliche Forderung gilt Bund und Ländern und gehört zum Minimumstandard gesamtstaatlicher Homogenität (Art. 28 I 1 GG). Die Sozialstaatsklausel verleiht keine eigenständige Kompetenz, sondern bildet im Rahmen der Zuständigkeitsordnung das Ziel einer homogenen Kompetenzausübung. Das verbindende Ziel der Partner des sozialen Bundesstaates ist die „Wahrung der Einheitlichkeit der Lebensverhältnisse". Gesetzgebung wie Finanzausgleich sollen verhüten, daß die regionale Gliederung zu sozialem Gefälle führt (arg. Art. 72 II 3, 106 III 4 Nr. 2 GG). Das soziale Staatsziel begründet kein Sozialmonopol des Staates[3]. Die Verwirklichung sozialgerechter Lebensbedingungen obliegt im sozialen Rechtsstaat sogar vorrangig der gesellschaftlichen Selbstregulierung; das freie soziale Engagement des Bürgers genießt grundrechtlichen Schutz[4].

Im Zeichen der Sozialstaatlichkeit entsteht somit eine umfassende *gesamtstaatliche Solidargemeinschaft,* die den Rahmen des sozialstaatlichen Ausgleichs bildet. Die staatlich organisierte Allgemeinheit verwirklicht den Ausgleich in erster Linie über die Steuer. Durch die Besteuerung werden den Individuen nach Maßgabe ihrer Leistungsfähigkeit Mittel entzogen, die ihnen als Staatsleistungen nach Maßgabe ihrer Bedürftigkeit wieder zufließen. Darüber hinaus wirkt die Steuer durch ihre offene oder verdeckte Progression bereits nivellierend. Der Sozialstaat ist wesentlich Steuerstaat[5].

---

[1] Übersichten über die Deutungen der Sozialstaatsklausel: Werner *Weber* Der Staat 4 (1965), 409—439; *Zacher* AöR 93 (1968), 360—371; *Isensee,* Subsidiaritätsprinzip und Verfassungsrecht, 1968, S. 191—198.

[2] Zur „sozialen Gleichheit": *Zacher* AöR 93 (1968), 360—382; *Isensee* (N 1), S. 193 f.; ders., Beamtenstreik, 1971, S. 129 f.

[3] Vgl. BVerfGE 22, 180 (204); 29, 221 (236).

[4] Nachw. bei *Isensee* (N 1), S. 275—277.

[5] Richtungweisend *Forsthoff,* VVDStRL 12 (1954), S. 31 f. Vgl. auch dens. BB 1965, 388; Werner *Weber* Der Staat 4 (1965), 436 f.; *Leisner,* Sozialbindung des Eigentums, 1972, S. 230 f.

2. Aber er ist es nicht ausschließlich. Das differenziert gegliederte Gemeinwesen kennt neben dem umfassenden staatlichen Umverteilungssystem auch die *partikularen* Systeme auf der mittelbar-staatlichen oder auf der gesellschaftlichen Ebene. Das soziale Staatsziel kann sich legitim in diesen personell und sachlich begrenzten Teilordnungen erfüllen. Der Staatsorganisation fällt nur die umfassende und letzte sozialstaatliche Garantenpflicht zu, derer sie sich auch nicht durch Schaffung von intermediären Ausgleichsverbänden entledigen kann.

Die partikularen Umverteilungssysteme der Sozialversicherung stehen daher im Dienst des sozialen Staatszieles (ohne deshalb gleich an dessen Verfassungsrang teilzunehmen)[6]. Der sozialversicherungsrechtliche Ausgleich legitimiert sich aber im Gegensatz zum steuerstaatlichen nicht aus der Solidarität, die alle Angehörigen des Staatsverbandes umschließt, sondern aus der im personellen Umfang beschränkten, in ihrer Intensität aber gesteigerten Solidarität einer homogenen Bevölkerungsgruppe.

3. Das weite Ermessen, das die Sozialstaatsklausel dem Gesetzgeber einräumt, ermächtigt ihn nicht, willkürlich intermediäre Lastenverbände zu gründen[7] oder sich über die *Eigengesetzlichkeit partikularer Umverteilungssysteme* hinwegzusetzen und Aufgaben sowie Mitgliederkreis nach Belieben umzudefinieren. So liefert zwar die Sozialstaatlichkeit einen Subventionstitel für die Krankenversorgung einkommensschwacher Personenkreise, zu denen die Studenten gezählt werden dürfen. Aber sie bildet keine Rechtsgrundlage dafür, daß der Subventionsaufwand anderer Gruppen der Gesellschaft überbürdet und die sozialversicherungsrechtliche Selbsthilfe zur versorgungsrechtlichen Fremdhilfe „umfunktioniert" wird. Das soziale Staatsziel dispensiert nicht von der bundesstaatlichen Zuständigkeitsordnung, von den demokratischen Legitimationserfordernissen und von rechtsstaatlichen Sicherungen. So heiligt der legitime soziale Zweck kein grundrechtswidriges Finanzierungsmittel[8].

Die Mißachtung der Ausgleichsgrenzen könnte letztlich auch das Ausgleichsziel gefährden. Wenn etwa die bestehenden Kassen mit der Teilsubventionierung der studentischen Krankenversicherung belastet würden, wären die Studenten in die Rolle des „sozialen Trittbrettfahrers" der Arbeitnehmerschaft gedrängt. Der Sinn der sozialstaatlichen

---

[6] Zum Zusammenhang der Sozialversicherung mit der Sozialstaatlichkeit etwa: *BVerfGE* 18, 257 (267); 28, 342 (348 — „besonders prägnanter Ausdruck des Sozialstaatsprinzips"); weit. Nachw. *Zacher* AöR 93 (1968), 363 f. — s. auch o. C.

[7] Vgl. *Brohm*, Strukturen der Wirtschaftsverwaltung, 1968, S. 23 f.; *Zacher* DÖV 1970, 10.

[8] Vgl. auch *Böckenförde*, VVDStRL 30 (1972), S. 164: rechtsstaatliche Bedenken gegen eine Solidargemeinschaft aller Angestellten.

Umverteilung verkehrte sich in sein Gegenteil: Der soziale Ausgleich vollzöge sich nunmehr zu Lasten der Glieder der Gesellschaft, die ihrerseits der Förderung bedürfen.

Wenn die gesamtstaatliche Solidargemeinschaft ihre Lasten auf partikulare Umverteilungssysteme überwälzen will, kann sie sich auch nicht auf das Subsidiaritätsprinzip berufen, obwohl dieses an sich den Leistungsvorgang des jeweils unteren Aufgabenträgers fordert[9]. Der Vorrang bezieht sich nur auf den eigenen Wirkungskreis des Aufgabenträgers. Das Prinzip will die Selbstentfaltung der kleineren Organisationseinheiten durch Selbsthilfe ermöglichen und drängt daher die Fremdhilfe zurück. Einen Rechtstitel zur Aufbürdung von Fremdlasten liefert er nicht.

4. Das Spannungsverhältnis zwischen der steuerstaatlichen und der parafiskalischen Umverteilung wäre für den Bereich der Sozialversicherung mit der Einführung einer *Volksversicherung* aufgehoben. Dieser Regelungszustand ist aber de lege lata noch nicht erreicht und de constitutione lata auch nicht erreichbar. Es ist deshalb auch nicht möglich, gleichsam im Vorgriff auf eine solche Lösung, zum unbeschränkten Solidarausgleich überzugehen. Die Umverteilungslasten können nicht auf ein unverbindliches politisches Programm oder auf einen „Trend" (der in Richtung Volksversicherung zielen mag) gestützt werden[10]. Politische Zukunftsvision ist kein Rechtstitel dafür, schon in der Gegenwart handfeste Sonderabgaben — als Vorgriff auf eine Gesamtlösung — einzuführen. Es wird keine rechtserhebliche Erklärung dafür sichtbar, warum eine Bevölkerungsgruppe — und allein diese — den Vorschuß auf eine Zukunftsentwicklung leisten soll.

---

[9] Im Verhältnis der Sozialversicherungsträger zum Staat kommt ein verfassungsrechtliches Subsidiaritätsverhältnis schon deshalb nicht in Betracht, weil sie — andes als die über Art. 28 II GG gewährleisteten Gebietskörperschaften — kein verfassungsmäßiges Eigenrecht gegenüber dem Staat aufweisen und lediglich Zweckmäßigkeitsschöpfungen der staatlichen Organisatonsgewalt sind (vgl. Isensee [N 1], S. 252 f.). — Die Geltung des Subsidiaritätsgrundsatzes wird für das Sozialversicherungsrecht anerkannt: *Achinger - Höffner - Muthesius - Neundörfer,* Neuordnung der sozialen Leistungen, 1955, S. 21—30; *Liefmann - Keil,* Ökonomische Theorie der Sozialpolitik, 1961, S. 97 f.; *Heyde,* Soziale Sicherheit 1966, 134 f.; *Holler,* Soziale Sicherheit 1966, 136; *Bogs,* Grundfragen des Rechts der sozialen Sicherheit, 1955, S. 53 (einschlußweise).

[10] Zur Expansionstendenz der Sozialversicherung: *BVerfGE* 29, 221 (241 f.).

Sachregister

Abgabe 31
Allgemeine Handlungsfreiheit (Art. 2 I GG) 67 ff.
Annexkompetenz — für nichtsteuerliche Abgaben 29 f.
Äquivalenzprinzip
— finanzrechtliches (Nutzenäquivalenz) 15, 33, 34 f.
— Kostenäquivalenz (s. Kostendeckungsprinzip)
— versicherungstechnisches 14, 31, 61, 65
— Globaläquivalenz 13 ff., 37, 39
— individuale Äquivalenz 14 f., 17, 40, 46, 48, 69
Arbeitgeberbeitrag 11, 18, 19 (N 6), 45, 49
Assekuranztheorie 40 f.
Aufopferung
— als Unfallversicherung 48
— und Vorzugslast 35
Ausgleichsprinzip s. Solidarausgleich
Autonomie
— der Kassen 13, 57 ff.
Bedürfnis nach sozialer Sicherung 20, 66
Beitrag 31 ff.
— finanzrechtlicher 31 ff., 48
— korporativer 32, 36 f.
s. auch Sozialversicherungsbeitrag
Beitragsautonomie
— der Kassen 13, 57 ff.
Beitragsbemessung 10, 13, 15
— Beitragssatz 13
— Bemessungsgrundlage 13, 14, 23
— Zuständigkeit zur 58
s. Äquivalenzprinzip, Kostendeckungsprinzip
Beitragseinnahmen der Sozialversicherung, Höhe 11 f.
Berufsfreiheit (Art. 12 GG) 72 f.
Berufsgenossenschaften 10, 46 (N 1), 50 (N 2)
Demokratische Legitimation 57 ff.
Dumping
— durch Beitragsgestaltung 22, 71 ff.
Effizienz 64
Ehe und Familie (Art. 6 GG) 66

Eigennutz 69 f.
s. auch Äquivalenzprinzip, Gegenleistung
Eigentum (Art. 14 GG) 61, 67 ff., 73
Einkommensteuer 55 f.
Enteignung
— durch solidarfremdes Umverteilungsopfer 69 f.
s. auch Eigentum
Ermessen
— des Gesetzgebers 28, 34
Ersatzkassen 13 (N 2), 15, 22, 25 (N 9)
Ertragshoheit 55 f.
Familienausgleichskassen 21, 49
Familienlastenausgleich 16, 18, 19, 20, 60
Filmabgabe 10
Finanzausgleich, vertikaler 56
Finanzgewalt, intermediäre 11, 46, 59
— und Sozialstaatsklausel 75
Finanzierungssystem
— der Sozialversicherung 13 ff.
Fiskalsteuer 39
Formenmißbrauch 51, 55
Formgesetzlichkeit der Abgaben
— und Gleichheit 65 f.
Fremdlast 26, 57, 58
— Begriff 42 f.
s. auch Solidarausgleich
Fremdrenten 50
Fürsorge
— als Kompetenzproblem 44 (N 4), 47, 52 f.
— als Typus sozialer Sicherung 16 f., 40
Fürsorgepflicht
— des Arbeitgebers 19, 49
Gegenleistung
— des Sozialversicherungsbeitrags 13 ff., 32 ff., 40 f., 42, 69 f.
— der Steuer 35, 39 ff.
— der Verbandslast 37
— der Vorzugslast 32 ff.
s. auch Äquivalenzprinzip
Gemeinlast, sozialversicherungsrechtliche 18
s. auch Steuer
Gemeinnutz 69 ff.

s. auch Äquivalenzprinzip
Generationenausgleich s. Solidarausgleich
Gesetzgebungszuständigkeit
— „allgemeine Grundsätze des Hochschulwesens" (Art. 75 I 1 a GG) 53
— Kompetenz-Substitution 55
— für nichtsteuerliche Abgaben 29
— „Öffentliche Fürsorge" (Art. 74/7 GG) 52 f.
— „Recht der Wirtschaft" (Art. 74/11 GG) 53 f.
— „Sozialversicherung" (Art. 74/12 GG) 44 ff., 49 f., 51
— Steuer als Kompetenzbegriff 29 f., 38, 42
Gesetzmäßigkeit der Verfassung 30
Gewerbebetrieb, eingerichteter und ausgeübter 72, 73
Gleichheitssatz (Art. 3 GG) 21, 60 62 ff., 72 f.
— und Praktikabilität 64
— und Sonderopfer 70
— und Systemgerechtigkeit 65
Globaläquivalenz 13 ff., 37, 39
Gruppenäquivalenz s. Globaläquivalenz
Gruppenhomogenität 18, 24, 41, 49, 51, 63, 65, 70, 75
s. auch Solidargemeinschaft
Gruppensolidarität s. Solidargemeinschaft
Grundrechte
— als Förderungstitel 60
— als Konkurrenzschutz 71 ff.
— Eingriff durch Abgaben 67 ff.
— Schranken des Solidarausgleichs 60 ff.
— status negativus-positivus 60 ff.
Grundrechtsfähigkeit
— der Versicherungsmitglieder 61
— der Versicherungsträger 60 ff.

Haushaltsrecht
— der Kassen 13 f., 59
— des Staates 58 f.
Hessische Verfassung (Art. 35 I 1) 52
Hilfsfiskus 11
s. auch Finanzgewalt, intermediäre
Hochschulwesen
— Bundeskompetenz (Art. 75 I 1 a GG) 53
Homogenität s. Gruppenhomogenität

Inanspruchnahme der Verwaltung 35 f.
Individuale Äquivalenz 14 f., 17, 40, 46, 48, 69
Individualversicherung
— öffentlichrechtliche 36, 48

s. auch Privatversicherung
Institutionelle Garantie der Sozialversicherung 27 f.
Institutioneller Aspekt der Grundrechte 60
Interorganisatorischer Solidarausgleich s. Solidarausgleich
Interpersonaler Solidarausgleich s. Solidarausgleich
Intertemporärer Solidarausgleich s. Solidarausgleich
Investitionshilfe 10

Konkurrenzschutz
— durch Grundrechte 71 ff.
Konsequenz
— Verfassungsgebot zur 65
Konversion
— im Kompetenzrecht 55
Korporativer Beitrag 32, 36 f.
Kostendeckungsprinzip 9, 10, 15, 34
— und Dumping-Tarife 22, 71
s. auch Wettbewerb
Krankenversicherung, Gesetzliche 13 ff.
— Lehrling 18, 24
— Rentner 18, 21, 24
— Studenten 9, 11, 22 ff., 43, 51, 53, 60, 64, 75

Lastenverband 10, 32, 36, 57
s. auch Verbandslast
Lehrling
— Krankenversicherung 18, 24
Leistungsfähigkeit als Abgabenmaßstab 14 ff., 34 f., 36 f., 66, 68
Lenkungsabgaben 54
Lenkungszwecke 39
s. auch Umverteilungssystem, Zwecksteuer
Lohnsteuer 55

Mineralölsteuer 40

Nebenfiskus 11
s. auch Finanzgewalt, intermediäre
Non-Affectationsgrundsatz 39
Nulltarif 34
s. auch Vollfinanzierung
Nutzenäquivalenz s. Äquivalenzprinzip

Öffentliche Fürsorge (Art. 74/7 GG) 52 f.
Öffentliches Gemeinwesen (§ 1 RAO) 38 f.
Ökonomie des Staatshandelns 64

Parlament
— Haushaltsprärogative 58 f.
Private Krankenversicherung 71 ff.

Sachregister

Privatnützigkeit
— des Eigentums 69 f., 69 (N 10)
Privatrechtliches Versicherungswesen (Art. 74/11 GG) 48
Privatversicherung 14, 15, 16
— Konkurrenzschutz 71 ff.
Progression 15, 74
Proportionsprinzip 15

Qualifikation, kompetenzbegriffliche 30 ff.

Recht der Wirtschaft (Art. 74/11 GG) 53 f.
Reformmodell der studentischen Krankenversicherung 9 ff., 12, 22 ff.
Rentner
— Krankenversicherung 18, 21, 24
Rollenwechsel
— im Solidarausgleich 20 f., 70

Selbstbindung
— des Gesetzgebers 65
Selbsthilfe 13, 16, 17, 21, 24, 45
s. auch Solidarität
Selbstverwaltung
— und Demokratie 57 ff.
— und Grundrechte 60 ff.
Solidarausgleich 10, 16, 17 ff., 34 f., 42, 46
— als Finanzierungstechnik 21, 26
— als kompetenzrechtliches Zuordnungskriterium 46 ff., 49, 54
— als Unterscheidungskriterium der sozialversicherungsrechtlichen zur steuerlichen Umverteilung 41, 43
— interorganisatorischer 18
— interpersonaler 17 f., 18 (N 4)
— intertemporärer 18, 24
Solidargemeinschaft 16, 18, 20 f., 25, 37, 39, 43, 65
— als Legitimationsbasis 21 ff., 26
— Anknüpfungspunkte für 19, 19 (N 6), 21 f., 49 f., 63
— gesamtgesellschaftliche 25, 41, 43, 51 f., 74, 76
s. auch Lastenverband
Solidarität 16, 17, 22, 46, 49, 70
— des Staatsverbandes 52
— und Privatnützigkeit 70
s. auch Gruppenhomogenität
Solidarlast
— Sozialversicherungsbeitrag als 41 f.
Sonderabgaben 54
Soziale Sicherheit
— Bedürfnis nach 20, 66
— Grundformen der 17 f.
— Kompetenzverteilung 44
Sozialprinzip

— der Vorzugslast 34 ff.
Sozialstaat
— als institutionelle Garantie der Sozialversicherung 27 f.
— als Legitimationsgrund der Umverteilung 74 ff.
Sozialversicherung
— auf staatliche Rechnung 23 f.
— Kompetenz (Art. 74/12 GG) 44 ff., 49 f., 51
— Typus 13 ff.
Sozialversicherungsbeitrag
— finanzrechtliche Qualifikation 31 ff.
— als finanzrechtlicher Beitrag 31 f., 34 ff., 42, 48
— als korporativer Beitrag 32, 36 ff., 42
— als Solidarlast 41 f.
— als Steuer 35 f., 37 ff., 42
— gesetzliches Regelungssystem 13 ff.
— bundesstaatliche Kompetenz 31 ff.
— demokratische Legitimation 57 ff.
— grundrechtliche Schranken 60 ff.
— sozialstaatliche Begründung 74 ff.
Steuer
— grundgesetzlicher Steuerbegriff 30, 35, 37 ff.
— Mutation des Sozialversicherungsbeitrags zur 42 ff.
— Steueraufkommen 12
— und Globaläquivalenz 39, 43, 55
— und individuale Äquivalenz 40
s. auch Sozialversicherungsbeitrag
Steuerhoheit
— Exklusivität der 55 f.
— und Steuerbegriff 34 f.
Steuerstaat 40, 74
Studenten
— Krankenversicherung 9, 11, 22 ff., 43, 51, 53, 60, 64, 75
Subsidiaritätsprinzip 46 (N 1), 76
Substitution
— einer Kompetenz 55 f.
Subvention 10, 11
— Sozialversicherung durch staatliche Vollfinanzierung 23 f. 43, 47 f.
— Sozialversicherung mit Staatszuschuß 46 f.
— Staatssubvention aus privater Tasche 11, 60
— und Sozialstaatsklausel 75

Tatbestandsmäßigkeit der Besteuerung 58
s. auch Vorbehalt des Gesetzes
Typisierung
— im Sozialversicherungsrecht 25
— und Gleichheitssatz 64

Typus Sozialversicherung 16 f., 44 ff.
Typusbegriffe
— Kompetenzbegriffe als 45 f.

Übermaßverbot 70 f.
Umverteilungssystem
— gebühren-(beitrags-)rechtliches 34 ff.
— parafiskalisches 9, 10, 11, 15 f., 16, 18, 21, 52, 57, 60, 63, 65 f., 75
— partikulares 75 f.
— sozialversicherungsrechtliches s. Solidargemeinschaft
— steuerrechtliches 74
— (steuer-)staatliches 9, 62, 65 f., 74
Unfallversicherung 10, 46 (N 1)
— der im öffentlichen Interesse tätigen Personen 47 f.
— der Schüler 23 (N 2), 47 f.

Verbandslast 32, 36 f.
Vereinigungsfreiheit (Art. 9 I GG) 66 ff.
Versichertengemeinschaft 9, 10, 11, 15, 46, 62
Versicherung
— Privatversicherung 14, 15, 16
— Sozialversicherung 14, 16
— Typus 13 ff.
Versicherungszwang 16, 48, 66 f.
Versorgung
— als Kompetenzproblem 44 (N 4), 47

— als Typus sozialer Sicherung 16, 21, 40
— als Unfallversicherung 48
Verwaltungshoheit 56
Verwaltungsverfahren (Art. 84 I GG) 29 f.
Vorbehalt des Gesetzes 57 f., 68
Volksversicherung 25, 41, 43, 51 f., 76
Volksversorgung 41
Vollfinanzierung, staatliche 41, 47 f.
s. auch Subvention
Vorrang des Gesetzes 12, 30
Vorzugslast 31 ff., 48
s. auch finanzrechtlicher Beitrag

Werbung
— für die Gesetzliche Krankenversicherung 22, 71
Wettbewerb 71 ff.
— durch Dumping-Tarife 22
— und Grundrechtsgeltung 71 f.

Zwangsversicherung 16, 48, 66 f.
Zweckentfremdungstheorie 69, 69 (N 10)
Zwecksteuer 43, 54, 55
s. auch Steuer
Zuschuß
— des Staates zur Sozialversicherung 20, 21, 23 f., 46 f.
s. auch Subvention

Printed by Libri Plureos GmbH
in Hamburg, Germany